# Escritos sobre psicanálise e literatura

Companhia de Freud

Organizadores:
Sandra Paes Barreto Edler
Luiz Alberto Pinheiro de Freitas
José Durval Cavalcanti de Albuquerque

# Escritos sobre psicanálise e literatura

Adelina Helena F. Lima P. Freitas
Betty Bernardo Fucks
Maria Anita Carneiro Ribeiro
Dirce Ferreira da Cunha
José Durval Cavalcanti de Albuquerque
Luiz Alberto Pinheiro de Freitas
Marília Flores
Marina Rodrigo Octavio Hermeto
Maruza Bastos de Oliveira
Sandra Paes Barreto Edler
Solange Jouvin

Companhia de Freud
2009

TÍTULO: Escritos sobre psicanálise e literatura
ORGANIZADORES
*Sandra Paes Barreto Edler*
*Luiz Alberto Pinheiro de Freitas*
*José Durval Cavalcanti de Albuquerque*




EDITORAÇÃO ELETRÔNICA
*FA - Editoração Eletrônica*

EDITOR RESPONSÁVEL
*José Nazar*



Rio de Janeiro, 2009

FICHA CATALOGRÁFICA

E73

Escritos sobre psicanálise e literatura / organizadores Sandra Paes Barreto Edler, Luiz Alberto Pinheiro de Freitas, José Durval Cavalcanti de Albuquerque ; Adelia Helena F. Lima P. Freitas... [et al.] ; editor José Nazar. – Rio de Janeiro : Cia. de Freud : Sociedade de Psicanálise Iracy Doyle, 2009.

162 p. ; 23 cm
ISBN 978-85-7724-059-3

1. Psicanálise e literatura. I. Edler, Sandra Paes Barreto. II. Freitas, Luiz Alberto Pinheiro de. III. Albuquerque, José Durval Cavalcanti de. IV. Sociedade de Psicanálise Iracy Doyle.

08-3935. CDD: 150.195
CDU: 159.964.2

Companhia de Freud
editora

ENDEREÇO PARA CORRESPONDÊNCIA
Rua Barão de Sertório, 57 – casa
Tel.: (21) 2293-5863 • (21) 2293-9440
Rio Comprido – Rio de Janeiro
e-mail: ciadefreud@gmail.com

...nós podemos nos comparar a um ator que está representando, com seu estilo, a palavra de um autor desconhecido.

*Horus Vital Brazil*

# Sumário

# Introdução

*Sandra Paes Barreto Edler*

Os textos que apresentamos ao leitor foram, em grande parte, desenvolvidos nos encontros da Oficina de psicanálise e literatura, realizados na Sociedade de Psicanálise Iracy Doyle, além de artigos de autores convidados. Semanalmente o grupo se reúne, na biblioteca, para trabalhar a interface entre esses dois saberes, valorizando a abertura freudiana à literatura. Para Freud, os poetas e escritores são os grandes conhecedores da alma humana e percebem logo o que nós, analistas, demoramos mais a entender. Ele próprio, em seu extenso trabalho, mergulhou nos mitos, nas lendas, no imaginário popular e sobretudo nas grandes tragédias tendo em Sófocles, Shakespeare e Goethe suas principais fontes de inspiração.

A construção teórica da psicanálise beneficiou-se assim da intensa participação da literatura, e os trabalhos aqui apresentados refletem esse pensamento homenageando textos e personagens que, independentemente da época em que foram criados, mantém vitalidade e abertura a novas interpretações. A psicanálise e a literatura partilham o solo comum da linguagem como nos lembra Bakhtin, são ambas ciências humanas e que se pretendem interpretativas. Podem, portanto, enlaçar-se sem reservas explorando seus respectivos contornos e ampliando possibilidades de um terreno em comum.

Dentro dessa perspectiva, Luiz Alberto Pinheiro de Freitas abre a coletânea com o artigo *Psicanálise e literatura* no qual explicita ao leitor as características do campo, a moldura sob a qual temos trabalhado e as peculiaridades dessa curiosa interseção. Em *Psicanálise e arte,* Adelina Helena Lima Freitas, destacando o referencial teórico da psicanálise, explora articulações possíveis entre criatividade e sublimação lembrando que uma e outra movimentam-se a partir do confronto de cada sujeito com a falta, o sofrimento e a finitude. No artigo *Shakespeare com Freud e Lacan*, Betty Bernardo Fuks e Maria Anita Carneiro Ribeiro, mergulham no universo shakespeariano e colhem referências que capturaram Freud à magia do bardo inglês. Além disso, enfatizando a contribuição lacaniana, valorizam o espaço da tragédia, umbral entre *duas-mortes*, no qual "o horror é velado pela beleza imortal das palavras do poeta". Em *Olhando a pulsão de morte: sobre o ato de criar*, Dirce Ferreira da Cunha desenvolve considerações sobre a força tanática e o ato da criação interrogando a pulsão de morte como potência criadora. O conto *O cofre de Extima* de Maruza Bastos de Oliveira é uma aventura literária que reúne elementos de memória institucional, reflexão filosófica e poesia. Solange Jouvin, em interlocução com o romance de Rubem Fonseca, *Vastas emoções e pensamentos imperfeitos*, apresenta *Trata-se de ficção*, no qual intercala pontuações sobre conceitos psicanalíticos e criação literária lembrando a curiosidade que instigou Freud em *Escritores criativos e devaneio*. Luiz Alberto Pinheiro de Freitas recupera o texto teatral de Tirso de Molina, escrito no século XVII, na Espanha, para tecer suas articulações em *Dom Juan e o engano da lista*. Em *Vertigem do desejo*, Sandra Edler mistura-se aos significantes de Clarice Lispector no conto Amor, para pensar o devaneio de uma mulher, conduzida por um cego ao labirinto das próprias emoções. José Durval Cavalcanti de Albuquerque em *Carta ao pai de F. Kafka*, debruça-se sobre o trabalho do escritor tcheco para explorar as origens da criação literária e aquelas do prazer de ler um texto. Marília Flores parte da cena "Galeria obscura", do segundo volume do Fausto, para tecer considerações entre a tragédia goethiana e o pensamento de Freud fazendo um contraponto entre a ânsia de Fausto em seu desejo do absoluto e a inevitabilidade da morte, diante da qual o diabo estaria deslocado. Adelina Helena Lima Freitas, pesquisando o conto William Wilson de Edgar A. Poe, apresenta *O duplo na literatura e na psicanálise,* no qual mergulha na *inquietante estranheza*, fenômeno que não cessa de intrigar psicanalistas e inspirar escritores. E fechando a coletânea, Marina Rodrigo Otavio Hermeto transcreve a entrevista com o escritor e diplomata Sérgio Paulo Rouanet, realizada na Academia Brasileira de Letras em maio de 2008, na qual a interseção entre psicanálise e literatura é mais uma vez revisitada sob o enfoque do ensaísta e escritor.

O conjunto de artigos, aqui apresentados, guarda entre si uma coerência temática, embora cada um dos autores tenha tido ampla liberdade para escrevê-los. Eles refletem, de alguma maneira, o espírito de aventura que inspira o grupo de psicanalistas em seus encontros semanais, em constante interlocução com os colegas e traduz a preocupação em buscar uma forma de expressão que, sem reducionismo, possa permitir ao leitor interessado embarcar no universo psicanalítico, *adoçado* pelo lirismo da literatura.

# Psicanálise e literatura*

*Luiz Alberto Pinheiro de Freitas*

> Dizem que um autor deveria evitar qualquer contato com a psiquiatria e deixar aos médicos a descrição de estados mentais patológicos. A verdade, porém, é que o escritor verdadeiramente criativo jamais obedece a essa injunção. A descrição da mente humana é, na realidade, seu campo mais legítimo; desde tempos imemoriais ele tem sido um precursor da ciência e, portanto, também da psicologia científica. Freud, *Delírios e sonhos na Gradiva de Jensen.*.

## Introdução

Freud, em 1930, ganhou o prêmio Goethe[1], pelo conjunto da sua obra, uma obra científica, mas que foi *acusada* de ser escrita como um romance. A acusação soa como um elogio e, mais será, quanto a pudermos comparar com escritos psicanalíticos que, de tal forma herméticos, mal podem ser compreendidos fora dos grupos semióticos a que pertencem.

Goethe (s/d) percebeu, um pouco antes de Freud, a importância dos primeiros afetos, dos sonhos e a necessidade de um autoconhecimento. Em *Uma palavra para jovens poetas*, ele recomendava aos mes-

* Este texto encontra-se desenvolvido em Freitas, L. A. *Freud e Machado de Assis: uma interseção entre psicanálise e literatura.* Mauad, 2001.

[1] Em 1927, a cidade de Frankfurt criou o Prêmio Goethe, a ser oferecido anualmente a "uma personalidade de realizações já firmadas cuja obra criadora fosse digna de uma honra dedicada à memória de Goethe". O valor do prêmio era de 10.000 marcos alemães (2.500 dólares).

mos a necessidade de se *analisar* continuadamente – "Apenas é preciso que cada um conheça a si mesmo, que saiba julgar a si mesmo..." (p. 10). Por estas razões é que Freud (1930), ao receber o prêmio, enviou sua filha[2] e um discurso no qual dizia que:

> Goethe não teria rejeitado a psicanálise. (...) Ele próprio se aproximou numa série de pontos: identificou, através da sua própria compreensão interna, muita coisa que pudemos confirmar, e certas opiniões, que nos acarretam crítica e zombaria, foram por ele expostas como evidentes por si mesmas (p. 241-2).

Freud utilizou-se da literatura durante todo o seu percurso na psicanálise. Vários exemplos podem ser apresentados: Édipo Rei e Hamlet na carta 71, *Die Ritchterin* [A juíza] na carta 91, Édipo Rei e Hamlet em *A interpretação de sonhos, Delírios e sonhos na "Gradiva" de Jensen, Contribuições a um questionário sobre leitura, Escritores criativos e devaneio, Dostoiévski e o parricídio, Prefácio a Edgar Allan Poe* etc. Cumpre notar que Freud, em *Resposta a um questionário sobre leitura* (1906), citou como *livros esplêndidos*, as obras de: Homero, Sófocles, Goethe e Shakespeare – *Ilíada, Édipo Rei, Fausto, Hamlet* e *Macbeth*. Ele apreciava, especialmente, o bardo inglês, do qual compilou diversas citações; ele já havia notado o quanto um homem como Shakespeare era capaz de, através dos seus escritos apresentar várias referências ao inconsciente.

Qualquer romance já é uma apresentação interpretativa de um momento sócio-cultural que, anteriormente, já foi interpretado pela cultura. Em resumo, é apenas outra forma de interpretar uma interpretação já dada pela cultura. O personagem poderá apresentar maior ou menor possibilidade interpretativa, todavia, será sempre um representante de uma forma de ser numa determinada cultura; bem como, sua permanência na história, sua maior representatividade, está diretamente ligada a quanto mais for exemplar da cultura a qual estiver referido.

---

2 Em virtude da sua doença, um câncer no maxilar, foi representado por sua filha Anna Freud.

Não há literatura ou arte desligada da sua época, pois se inscrevendo ou não na "grande temporalidade" de Bakhtin (1970, p. 364), a obra jamais estará alienada do seu tempo, podendo ter maior ou menor consistência interpretativa (Freitas, 2001, p. 19).

Vital Brazil (1992) enfatizou a existência do que chamou de *personagens permanentes* - personagens universais, presentes em toda forma de literatura e que, dependendo da criatividade do escritor, podem oferecer alguma inteligibilidade sobre as matrizes da subjetividade. Um escritor conhece, como disse Freud (1907 [1906]), "toda uma vasta gama de coisas entre o céu e a terra com as quais a nossa filosofia ainda não nos deixou sonhar" (p. 18). Ele, apesar de não perceber as forças do determinismo inconsciente que organizam o seu percurso criativo, pode, através da sua privilegiada sensibilidade, fazer com que seus leitores fiquem "tocados" pela palavra dos personagens. E, tanto maior será o prazer quanto mais puder, o personagem, o herói ou heroína, permitir enganchamentos identificatórios.

## Psicanálise em extensão

A psicanálise é um saber conjuntural e conjectural, que tem como exercício a prática da dúvida em constante movimento interpretativo. Tanto o texto escrito como o falado é, conforme afirma Bakhtin (1979), "o dado primário (a realidade) e o ponto de partida de todas as disciplinas nas ciências humanas" (p. 341). Portanto, qualquer cena literária ficcional é uma produção da cultura que pode ser analisada e interpretada sob o ângulo da psicanálise. O conteúdo fantasioso do herói em nada é diferente do experimentado por qualquer pessoa. O discurso do personagem está sempre aberto a múltiplas possibilidades interpretativas, permitindo assim, o exame da linguagem do desejo inconsciente – sempre presente em qualquer texto. Essa presença constante nos dá a possibilidade de conseguir alguma inteligibilidade sobre as nuances do subjetivo.

A psicanálise ao aproximar-se da literatura o fez, inicialmente, através do exame dos autores, procurando uma leitura do personagem apoiada na vida do escritor – a psicobiografia. O texto funcionava como uma patografia do escritor. Esse tipo de "psicanálise aplicada", que foi, inclusive, utilizada por Freud, traz a desvantagem de ficar referida a um acentuado exercício especulativo na medida em que empobrece o texto. Como lembra José Américo Motta Pessanha (1992):

> ...a psicobiografia de pensadores e artistas pode oferecer informações interessantes sobre a criação de suas obras, mas está longe de permitir a apreensão da significância que elas, a partir delas mesmas, constroem e instituem polifonicamente. Eis porque aquele reducionismo cientificista é, na verdade, duplo: reduz a obra de arte ao que pode ter condicionado seu surgimento, sem exaurir, porém sua *poiésis*; reduz a teoria freudiana a esquemas simplórios, mecânicos, unívocos, empobrecendo-lhe o alcance, banalizando e traindo seu complexo e delicado instrumental interpretativo (p. 7-8).

Se a psicanálise em intensão está referida a uma *clínica sob transferência,* a psicanálise em extensão refere-se às possibilidades de poder apresentar alguma interpretação daquilo que a nossa cultura oferece como produções de arte. Assim sendo, podemos sempre procurar, através do texto literário, encontrar os personagens ditos permanentes (Vital Brazil, 1992), ou seja, aqueles que mais estão referidos às matrizes da subjetividade – procurar uma outra interpretação do herói, além da já oferecida pelo autor criativo.

## As sublimações

Como afirmou Freud, em 1910, a grande maioria das pessoas "conseguiu orientar uma boa parte das forças resultantes do instinto (pulsão) sexual para sua atividade profissional" (p. 27). Ou seja, a vida social implica que nossas pulsões encontrem uma outra forma para se satisfazerem - que sejam sublimadas, que possam substituir o seu objetivo primeiro por outros mais valorizados socialmente. A sublimação da pulsão é que permite o aparecimento das artes, das ciências e das religiões – são formas de apresentação da linguagem do desejo inconsciente.

As sublimações, através das artes, das ciências e das religiões, seriam formas de realização simbólica que se associam à criatividade humana, produzindo uma superação do automatismo instintivo. Essas realizações simbólicas podem ser alvo de interpretações, através do saber psicanalítico, na medida em que sempre podemos nelas encontrar a presença da linguagem do desejo inconsciente.

Em *O Instinto e suas Vicissitudes* (1915), Freud afirma que a sublimação é um dos quatro destinos da pulsão. Os outros seriam a inversão no contrário, o retorno sobre a própria pessoa e o recalque. O processo do estudo da sublimação inicia na *correspondência com Fliess* (Masson, 1985) no "Manuscrito L", segue nos *Três ensaios sobre a teoria da sexualidade* (1905), *Moral sexual "civilizada" e doença nervosa moderna* (1908), *Sobre o narcisismo, uma introdução* (1914), *O instinto e suas vicissitudes* (1915), *O ego e o id* (1923), *O mal estar na civilização* (1930 [1929]), até a *Conferência XXXIII* (1932). Nessa conferência trata da modificação do alvo e do objeto da pulsão: "Um determinado tipo de modificação da finalidade e de mudança do objeto, na qual se levam em conta nossos valores sociais, é descrito por nós como sublimação" (p. 121), tendo duas vertentes, a da dessexualização do alvo e do objeto da pulsão.

Se o homem obtivesse satisfação plena através da pulsão sexual não haveria erigido o seu mundo institucional. A dificuldade de uma completa e absoluta descarga sexual foi o fato motivador que levou o homem a abandonar, parcialmente, o prazer sexual e constituir uma civilização. A impossibilidade da pulsão em atingir seus objetivos imediatos fez com que as civilizações tivessem que oferecer objetos substitutivos, numa tentativa de atender, em parte, as demandas pulsionais. Vive o homem uma permanente busca por prazer, por isso está sempre tentando encontrar um objeto de desejo que lhe seja, minimamente, satisfatório. A pulsão sexual tem que encontrar outras vias de descarga e, para tal, tem que pegar emprestado outros caminhos para percorrer.

> Mas é sem dúvida com a arte que encontramos o grau mais elevado de sucesso dos efeitos sublimatórios, pois o artista sabe dar uma forma

particular às suas fantasias e conferir-lhes um valor universal que torna possível aliviar os outros homens da carga de suas fantasias (Lima Freitas, 1999, p. 12).

Qualquer criação com uma estrutura de sublimação "constitui uma vicissitude que foi imposta aos instintos (pulsões) de forma total pela civilização" (Freud, 1930 [1929], p. 118), ou, na frase modificada por Vital Brazil (1992), a sublimação nada mais é do que "um destino pulsional imposto pela cultura" (p. 84). Ele realiza, em uma outra cena, seus desejos insatisfeitos, se gratifica de forma substitutiva – prazeres compensatórios que surgem através da sua criatividade. A sublimação não só surge como uma imposição cultural, como produz efeitos que se inscrevem na própria cultura. É na criação cultural que se redescobre o prazer resultante dessa atividade do pensamento, cujas origens muitas vezes são inacessíveis. Em resumo: a renúncia como um destino da pulsão, a presença do irrepresentável e o mistério da origem.

## Os personagens e as identificações

Freud sempre apresentou o herói Édipo como exemplo paradigmático do que ocorre a todos os mortais, pois, já havia percebido que todo grande escritor, em suas obras, fazia de seu personagem um porta-voz do desejo inconsciente.

Toda obra é um produto intimamente ligado ao seu produtor pelo traço do estilo, e sempre poderá fornecer alguma informação sobre o processo criativo do artista. Todavia, fazer uma leitura sintomal do texto, não permite, como afirma Pessanha (1992), a apreensão da significância polifonicamente constituída e instituída pela obra. Tal processo implica um reducionismo cientificista, ou seja,

> reduz a obra de arte ao que pode ter condicionado seu surgimento, sem exaurir, porém sua *poiésis*; reduz a teoria freudiana a esquemas

> simplórios, mecânicos, unívocos, empobrecendo-lhe o alcance, banalizando e traindo seu complexo e delicado instrumento interpretativo (p. 7-8).

A análise de *Gradiva*, embora tenha sido constituída com a finalidade de mostrar a aplicabilidade dos conceitos psicanalíticos a um discurso literário, da possibilidade de uma interpretação do lugar simbólico do personagem, também "faz das personagens 'figuras' para a identificação do leitor, e ainda faz uma relação entre as personagens que valoriza a seqüência de um curso associativo" (Vital Brazil, 1996, p. 1).

Os grandes autores permitem uma aproximação entre literatura e psicanálise já que ambas podem, através de uma relação dialógica, promover a prática da dúvida em permanente confronto com a pretensa univocidade do sentido. É através dessa realidade dada aos personagens, notadamente aos personagens trágicos, que podemos interpretar, na dimensão do inconsciente, o que acontece a todos os homens.

Ao se examinar uma obra literária, temos que nos referir ao conceito freudiano de identificação. Por que será que determinados personagens, e não outros se tornam extremamente significativos para a nossa cultura? Os personagens que permanecem ao longo da história não estão presos a nenhuma época porque representam, de forma incontestável, o que se passa com qualquer homem a qualquer tempo. O que faz com que uma obra ocupe espaço destacado na cultura é a sua capacidade de permitir, de forma eficaz, uma identificação do leitor com o herói (ou heroína) da trama. A identificação é, como disse Freud, uma das formas que o homem encontra para representar um laço afetivo com outra pessoa, e uma das formas que o ego utiliza para atender ao desejo pulsional. A paixão imediata de Goethe (s/d), ao ler Shakespeare, exemplifica o quanto um texto pode produzir na alma do leitor:

> A primeira página dele que li foi uma identificação por toda vida, e quando tinha terminado a primeira peça, fiquei como um cego de nascença a quem um gesto milagroso dá, num instante, a visão. Reconheci, senti vivamente a minha existência expandindo-se numa infinidade, tudo era novo, desconhecido, e a falta de costume com a luz me fazia doer os

olhos. Lentamente fui aprendendo a ver, e, graças ao meu gênio de reconhecimento, sinto sempre mais vivamente aquilo que ganhei (p. 27-8).

A participação como espectador ou leitor de uma peça tem o mesmo sentido para o adulto que tem para a criança o brincar, apesar de Freud ter lembrado que a criança é muito mais espontânea ao apresentar as suas brincadeiras que o adulto as suas fantasias. Todo ser humano aspira ser um herói: sentir, viver, agir somente de acordo com seus desejos. "O teatrólogo e o ator permitem-lhe que ele proceda dessa forma fazendo-o identificar-se com um herói" (Freud, 1942 [1905/06], p. 321). Ele pode dar vazão de modo ilimitado aos seus desejos: "são desejos ambiciosos, que se destinam a elevar a personalidade do sujeito, ou são desejos eróticos" (Freud, 1908 [1907], p. 152).

Desde Aristóteles "a finalidade do teatro é 'despertar o terror e a piedade' e assim 'purgar as emoções'" (Freud, 1942 [1905/06], p. 321). Goethe assim traduziu, magistralmente, uma passagem de Aristóteles, a respeito da tarefa que realizava a tragédia, para o espectador:

> A tragédia é a imitação de uma ação significativa e completa, que possui uma extensão determinada e se apresenta com linguagem graciosa, por figuras diferenciadas que representam cada uma o seu papel, e não por um único narrador; no percurso de compaixão e medo ela completa a sua tarefa com a compensação de tais paixões (p. 16).

A arte é uma forma que a cultura oferece ao homem de experimentar certas emoções através da identificação com o herói. Como dizia Freud (1908 [1907]), o escritor suaviza suas fantasias egoístas por meio de disfarces, bem como, através da estética, nos suborna na apresentação de seu texto. Foi isso que ele denominou de "prêmio de estímulo" ou de "prazer preliminar", um prazer preparatório de uma liberação prazerosa ainda maior, oriunda "de fontes psíquicas mais profundas", e conclui:

> ...a verdadeira satisfação que usufruímos de uma obra literária procede de uma liberação de tensões em nossas mentes. Talvez até grande parte

> desse efeito seja devida à possibilidade que o escritor nos oferece de, dali em diante, nos deleitarmos com nossos próprios devaneios, sem autoacusações ou vergonha (p. 158).

Na criação do seu herói, o autor identificado a ele goza do prazer quase divino de dar rumo, tanto de forma consciente como inconsciente, ao percurso que constrói para o personagem. Identificados aos personagens, não só participam fantasiosamente das cenas, como podem modificá-las imaginariamente e com a certeza da ausência de crítica do outro. Um dramaturgo, ao possibilitar que um leitor possa investir libidinalmente no herói do seu texto, participar do sofrimento e das alegrias desse herói, traz-lhe uma quantidade expressiva de prazer, bem como faz com que se atenue o desconforto desse leitor frente aos desígnios do destino.

> É a identificação que, como dizia Freud, levava o homem a ficar encantado frente às obras da literatura mundial. Sófocles, Shakespeare e Dostoiévski levam seus leitores a se identificarem (de forma histérica) com seus heróis. O leitor se reconhece nas paixões dos heróis e é através do jogo de identificações que ele se compraz e se alivia das suas angústias (Freitas, 1997, p. 175).

Como percebeu Freud, todo escritor está frente a seus escritos da mesma forma que o comum mortal perante seus pensamentos e ações. Cria seus textos sem ter conhecimento do percurso e das forças que entram na sua criação e não nota a intencionalidade do desejo presente no ato da escritura, mesmo que, conscientemente tente explicá-lo: freqüentemente não é um bom intérprete de si mesmo e é o menos capacitado para informar sobre os fatos desencadeadores do seu processo literário. São os personagens de um drama psicológico, não o autor, como afirma Freud (1942 [1905/06]), os que mais possibilitam ao leitor, ou espectador, a identificação com o herói. Esta identificação tanto maior será quanto mais ambígua for a situação, ou seja, quanto maior for o conflito. É nesta ambigüidade que o autor pode dar maior relevo à obra, através da retórica e da argumentação, provocando não só um efeito catártico, como uma acentuação do reprimido.

## A linguagem

Todas as estruturas de sublimação (religião, ciência e arte) nos confrontam com a questão da linguagem, que foi percebida por Bakhtin (1959-61) quando afirma: "A língua, a palavra, são quase tudo na vida do homem" (p. 346). Nesta acepção, a linguagem não é redutível a um mero instrumento de comunicação, mas valoriza toda a produção cultural, que se dá no simbólico, possibilitando assim a interpretação que busca um sentido entre enunciado e enunciação. Aí, se abre um espaço para a interseção entre literatura e psicanálise, até porque, continuando com o pensamento de Bakhtin (1952-53): "Todas as esferas da atividade humana, por mais variadas que sejam, estão sempre relacionadas com a utilização da língua" (p. 279). É a valorização de uma linguagem que se pretende libertadora, transformadora, aberta a múltiplas interpretações, e que vai muito além do discurso linear da consciência. Essa palavra subversiva mostra a linguagem como central na obra freudiana e associa a psicanálise ao pensamento crítico e ao sujeito da dúvida, um sujeito dividido entre *eu penso* e *eu duvido*, não se recusando (a psicanálise) à ambigüidade, à dúvida e à contradição.

Quando o autor cria, sua criação está no objeto ao qual deu forma. Ele só vê "o produto em devir de seu ato criador e não o processo psicológico interno que preside a esse ato" (Bakhtin, 1920-30, p. 27). A criação, enquanto movimento, só pode ser vivida, contudo, o ato criativo não é passível de apreensão em si mesmo, daí o autor pouco poder dizer sobre o seu processo criativo: "ele só pode nos remeter a sua obra; e é, de fato, apenas nela que vamos procurá-lo" (p. 27). É a verdade da incompletude do ser que a psicanálise descobre na literatura, impossibilitando uma relação de adequação entre as palavras e as coisas, mostrando a impossibilidade de uma perfeita correspondência entre a linguagem e a realidade da qual fala. É esse outro saber que o autor criativo pode apresentar, saber que aparece através das fantasias, da poesia e dos romances e que pode ser interpretado como uma verdade sempre parcial, associada ao desejo em permanente deslocamento metonímico através de objetos substitutivos.

> Os tesouros de sentido colocados por Shakespeare em sua obra foram elaborados e acumulados no correr dos séculos, e até dos milênios; estavam ocultos na língua – e não só na língua escrita, mas também naqueles estratos da língua popular que, antes de Shakespeare, não haviam penetrado na literatura -, ocultos na variedade dos gêneros e das formas da comunicação verbal, nas formas poderosas da cultura popular (sobretudo carnavalesca) que se moldava ao longo dos milênios, nos gêneros do espetáculo teatral (mistérios, farsas etc.), nos temas que remontam a Antigüidade pré-histórica, e, finalmente nas formas do pensamento. Shakespeare, como todo artista, construía sua obra a partir de formas carregadas de sentido, repletas desse sentido, e não a partir de elementos mortos, de tijolos prontos. Ademais, mesmo o tijolo possui sua forma espacial delimitada e, por conseguinte, expressa algo entre as mãos do construtor (Bakhtin, 1970, p. 365).

Ainda segundo Bakhtin (1974), um autor criativo como Dostoiévski produz um contexto de sentido ao fazer com que as coisas que atuam mecanicamente sobre ele comecem a falar, ou seja, surja um ente pensante, falante, atuante e criador – "é a transmutação de coisa em sentido" (p. 407) que reúne a representação das coisas à representação das palavras. Esta transmutação aparece nos pensamentos e nos atos de seus principais personagens. O mesmo acontece com Shakespeare: a palavra do fantasma, da feiticeira, as emoções que entram em jogo no texto através dessas vozes são também apresentadas ao leitor, que poderá, através de um encontro dialógico com o texto criativo, dar algum sentido a sua história, percebida no texto dramático como alusiva às repetições inconscientes do que acontece a qualquer homem.

Podemos admitir que todo conhecimento científico se dê no campo da linguagem, de um sistema lingüístico referido a um universo simbólico, e que a principal propriedade da linguagem é a de constituir um sujeito. A psicanálise, enquanto uma prática teorizada, vem falar dessa linguagem do desejo inconsciente, que através do discurso do sujeito nos mostra uma verdade sempre relativizada em um campo intersubjetivo – que é também um campo de valores. Este contexto intersubjetivo, como diz Vital Brazil (1989), é um intertexto, pois permite o aparecimento de uma possibilidade interpretativa em um momento singular e criativo entre analista e analisando – entre curso associativo e atenção flutuante. E ao utilizar-se da interpretação, do uso operacional do conceito de inconsciente que nos indica o desconhecido incognoscível – associado ao mal entendido do discurso e à polissemia da palavra – podemos aproximar psicanálise e literatura. Como assinalamos, é pela atividade interpretativa e pela questão da intersubjetividade que se pode fazer essa aproximação, pois a crítica literária também se utiliza da interpretação como prática da dúvida confrontada com a univocidade do sentido.

A linguagem do desejo inconsciente através da condensação metafórica e do deslocamento metonímico denuncia o movimento constante e permanente do psiquismo associado à linguagem e a um contexto social historicizado. É o deslizamento metonímico do significante sobre a barra do significado presente em todo e qualquer discurso, rompendo a ilusão da bi-univocidade palavra-coisa, dividido entre conhecimento e desconhecimento e sempre associado à linguagem, que torna o significante não um representante puro e simples do significado, mas nesta correspondência instável com o significado, ele é produtor de novas significações.

## Conclusão

O texto criativo mantém um permanente desafio à psicanálise. Esta, como prática social, pretende, de alguma forma, interpretar, dar sentido à sempre errante linguagem do desejo inconsciente, fornecer alguma inteligibilidade ao que surge como absurdo, como irrepresentável, como um resto incognoscível que aponta, de forma perene, para o enigma do desejo inconsciente. Podemos dizer que a interpretação psicanalítica de um personagem da literatura é uma das muitas possibilidades que tem o intérprete de enriquecer o patrimônio cultural ao conseguir efeitos de sublimação. Os personagens criados por um autor são sempre representativos de um contexto cultural, situam-se entre fato e ficção, e também falam das repressões secundárias.

Apoiando-nos nas concepções de Vital Brazil sobre os personagens permanentes como representantes das matrizes da subjetividade, podemos dizer que a interpretação na psicanálise em extensão pode, através da significância do discurso poético, nos mostrar as matrizes de origem da cultura. Os heróis, se apresentados por um autor de forma criativa, serão universais quanto mais puderem condensar valores, denotar o complexo, o diferente e o plural, apresentando assim, as diferenças dos valores produzidos na cultura numa tentativa de condensação que visa atribuir algum sentido à história. Os personagens que ganham o caráter universalizante são aqueles que podemos chamar de personagens permanentes, que persistem ao longo da história, aos quais sempre podemos recorrer, utilizando a psicanálise para interpretar uma interpretação já dada anteriormente pela própria cultura. A produção nas artes está sempre ligada ao contexto sócio-histórico em que surge.

Utilizando-se do texto de Watt (1995, *Myths of modern individualism*), Vital Brazil mostra os impasses do desejo inconsciente em todas as culturas, representado através de personagens que se tornam permanentes por sua rica condensação metafórica, pois falam de uma história que todos já sabem. Quatro personagens – Fausto, Dom Quixote, Robinson Crusoé e Dom Juan Tenório – nos mostram a importância da realização simbólica num determinado contexto cultural que reúne valores. Fausto nos confronta com o desejo de onipotência; Dom Quixote, o cavaleiro de triste figura, nos coloca ante a impossibilidade da manutenção do ideal frente às exigências da realidade; Robinson Crusoé é condenado a viver na solidão e a encontrar através do outro selvagem alguma sensibilidade alteritária, em virtude do seu exacerbado narcisismo; Dom Juan Tenório apresenta o preço a ser pago pelos excessos da atividade desejante que pretendia romper com a metáfora paterna. Esses quatro personagens permanentes possibilitam uma infinidade de interpretações na medida em que não se pode apreender o enigma do desejo. Podemos, sempre, propor mais uma interpretação, procurando, através da psicanálise, dar algum sentido ao que surge num texto criativo, ao que pudemos apreender, já que sempre haverá um resto infinito a interpretar.

Ao pretendermos nos utilizar da literatura para fazer psicanálise em extensão, valorizamos o elo que surge entre o personagem e o contexto histórico-social em que ele foi criado. Visamos, com isto, encontrar possibilidades interpretativas que demonstrem o valor do personagem como referido a uma forma de ser num determinado contexto e passível de uma ampliação com pretensões de universalidade. Freud percebeu claramente o valor do mito para a cultura, bem como possibilitou que se captasse que determinados personagens não se situavam em um determinado tempo, mas poderiam ser representantes de qualquer tempo, isto é, teriam um caráter universal. O personagem na literatura sempre representa um modo de viver, representa a racionalidade e as formas que uma determinada cultura usa para resolver seu interminável conflito interno – sempre inflacionado, de forma intolerável, pela presença do outro. A qualidade da obra será maior ou menor à medida que este personagem se aproxime de ser um exemplo consistente do grupo social no qual está inserido. Com o passar do tempo, ele poderá se inscrever na *grande temporalidade*, como diz Bakhtin, ganhando então importância e caráter universalizante. A obra é a interpretação já realizada de um contexto social reunindo valores e indicando uma matriz de origem da própria cultura.

O valor profundo, universal e perene da lenda da Antigüidade clássica, *Édipo Rei*, só pôde ser aceito e compreendido porque toca, até hoje, de alguma forma, os conteúdos inconscientes do mundo do leitor ou espectador. Na Grécia, a obra de Sófocles tinha como finalidade primeira levar o homem a perceber sua impotência frente aos desígnios da vontade dos deuses. Freud (1900), todavia, utilizando-se dos conhecimentos da psicanálise, ampliou a importância da tragédia ao dizer que o interesse que as pessoas tiveram e, na atualidade, têm por *Édipo* não está num contraste de vontades, entre a dos deuses e a dos mortais. O que mobiliza os homens frente à obra sofocliana está "na natureza particular do material sobre o qual aquele contraste é exemplificado" (p. 278). Ou seja, o que comove, na verdade, o espectador ou leitor frente ao texto é o fato de que o destino do herói poderia ser o nosso, pois desde o nascimento estamos condenados, como o oráculo informou, não só a Laio como ao próprio Édipo, que nosso destino é desejar nossa mãe, como tirar do caminho nosso pai.

A tragédia grega impressiona porque fala de nossos desejos infantis e faz referência a uma das matrizes da nossa subjetividade, a mais arcaica de todas. Sófocles apenas menciona, de forma disfarçada, um desejo universal. Édipo é um personagem que condensa os nossos mais secretos impulsos e os valores sociais que condenam o incesto e o assassinato – impulsos que são mantidos em suspenso, reprimidos, mas que diante da peça são movimentados, apesar de muitas vezes não se tornarem claros para o próprio assistente.

Quando escreve suas peças teatrais, Sófocles propõe a punição ao ato de horror cometido, porque ele também está inserido no mesmo contexto social que seus espectadores. O seu ato nada mais é do que a explicitação, de forma condensada e disfarçada, de seus terríveis desejos repulsivos. Anteriormente afirmamos que todo e qualquer escritor que desconhece a psicanálise não percebe esses desejos em si mesmo, apesar de apresentá-los ao público. Ele também é acossado por esses desejos impuros. Entretanto, a sua escritura é sempre uma forma de dar sentido, ou melhor, de elaborar, sem sabê-lo, essa atividade do desejo inconsciente. Uma atividade comum a todos porque toca a todos.

Ao valorizar os sonhos, os mitos, o discurso como história e ficção, tornamos os personagens reais, eles ganham vida, principalmente os personagens trágicos, pois estes fornecem exemplos do que de mais representativo podemos interpretar como acontecendo, de forma inconsciente, a todos os homens. Quando a obra torna-se universal é porque pode condensar num personagem os valores mais significativos para a cultura. Um personagem se torna permanente, ao representar uma condensação que esquematiza a complexidade, a diferenciação e o múltiplo – que marca as diferenças com valores percebidos no contexto social. Esta condensação visa dar uma inteligibilidade à história através de uma interpretação informada pela psicanálise.

> Freud (...) nos mostra que o personagem da obra poética, além de ser uma interpretação já realizada de um contexto cultural reunindo valores, pode também aparecer indicando uma 'matriz de origem' da própria cultura. E como existem personagens 'permanentes' que a criatividade da cultura nos lega como objetos culturais acabados, que persistem como exemplares além do movimento da cultura, personagens aos quais sempre voltamos, podemos dizer que esta busca interpretativa da psicanálise, procurando interpretar uma interpretação já dada pela cultura, é uma busca de uma genealogia que nos refere às matrizes subjetivas, à gênese do fato da significação numa série de intrincadas relações que implicam o sujeito que interpreta (Vital Brazil, 1992, p. 84-5).

A possibilidade da interpretação, fornece uma realidade aos personagens e às imagens, exemplificando o que acontece, sob a égide do processo de repetição, a todos os homens que, em permanente conflito, tentam alguma compreensão para seus atos. Portanto, qualquer produção de arte, principalmente as que se inscrevem na rocha do tempo, pode presentificar o inconsciente, valorizando e justificando assim uma interpretação, ao indicar o lugar de cifração do inconsciente. Podemos admitir e reconhecer que toda produção artística é ilimitada, e que oferece inúmeras possibilidades interpretativas sobre a linguagem metafórica. Fazendo psicanálise em extensão podemos valorizar a sublimação, que a cultura nos mostra como uma renúncia às imposições pulsionais, assim como, através da interpretação do discurso poético, podemos mostrar a presença das fantasias que originam a plasticidade das inúmeras formas que o ser humano usa, para se apresentar frente aos demais. O discurso poético de um grande escritor é a forma disfarçada que ele utiliza para, não só se gratificar, mas, ao oferecer possibilidade identificatória ao leitor, fazê-lo reviver, na comunhão com o herói, sua angústia existencial. A escritura é, em primeiro lugar, um ato narcísico, e em segundo, um ato de generosidade.

## Referências bibliográficas

BAKHTIN, Mikhail. (1920-30). O autor e o herói na atividade estética. In *Estética da criação verbal.* São Paulo, Martins Fontes, 1992.

_______ (1952-53). Os gêneros do discurso. In *Estética da criação verbal.* São Paulo, Martins Fontes, 1992.

_______ (1959-61). O problema do texto. In *Estética da criação verbal.* São Paulo, Martins Fontes, 1992.

_______ (1970). Os estudos literários hoje. In *Estética da criação verbal.* São Paulo, Martins Fontes, 1992.

_______ (1974). Observações sobre a epistemologia das ciências humanas. In *Estética da criação verbal.* São Paulo, Martins Fontes, 1992.

FREITAS, Luiz Alberto. *O conceito de identificação na obra de Freud.* Rio de Janeiro, SPID, 1997.

_______ *Freud e Machado de Assis: uma interseção entre psicanálise e literatura.* Rio de Janeiro, Mauad, 2001.

Freud, Sigmund (1900). *A interpretação de sonhos.* Ed. Standard Brasileira. Rio de Janeiro, Imago, 1980, v. IV.

_______ (1906). *Resposta a um questionário sobre leitura.* Ed. Standard. Rio de Janeiro, Imago, 1980, v. IX.

_______ (1907 [1906]). *Delírios e sonhos na Gradiva de Jensen.* Ed. Standard Brasileira. Rio de Janeiro, Imago, 1980, v. IX.

_______ (1908 [1907]). *Escritores criativos e devaneio.* Ed. Standard Brasileira. Rio de Janeiro, Imago, 1980, v. IX.

_______ (1908). *Moral sexual "civilizada" e doença nervosa moderna.* Ed. Standard Brasileira. Rio de Janeiro, Imago, 1980, v. IX

_______ (1910). *Leonardo da Vinci e uma lembrança da sua infância.* Ed. Standard Brasileira. Rio de janeiro, Imago, 1980, v. XI.

_______ (1914). *Sobre o narcisismo, uma introdução.* Ed. Standard Brasileira. Rio de Janeiro, Imago, 1980, v. XIV.

_______ (1915). *O instinto e suas vicissitudes.* Ed. Standard Brasileira. Rio de Janeiro, Imago, 1980, v. XIV.

_______ (1923). *O ego e o id.* Ed. Standard Brasileira. Rio de Janeiro, Imago, 1980, v. XIX.

_______ (1928 [1927]). *Dostoiévski e o parricídio.* Ed. Standard Brasileira. Rio de Janeiro, Imago, 1980, v. XXI.

_______ (1930 [1929]). *O mal-estar na civilização.* Ed. Standard Brasileira. Rio de Janeiro, Imago, 1980, v. XXI.

_______ (1930). *O prêmio Goethe.* Ed. Standard Brasileira. Rio de Janeiro, Imago, 1980, v. XXI.

_______ (1932). *Conferência XXXIII – Feminilidade.* Ed. Standard Brasileira. Rio de Janeiro, Imago, 1980, v. XXII.

_______ (1942 [1905/06]). *Tipos psicopáticos no palco.* Ed. Standard Brasileira. Rio de Janeiro, Imago, 1980, v. VII.

GOETHE, J. Wolfrgang (s/d). *Escritos sobre literatura.* Rio de janeiro, Sette Letras, 1997.

LIMA FREITAS, Adelina. Psicanálise e arte: um encontro criativo. In *Cadernos do Tempo Psicanalítico.* Rio de Janeiro, SPID, 1999, n. 4.

MASSON, Jeffrey. (1985). *A correspondência completa de Sigmund Freud para Wilhelm Fliess – 1887-1904.* Rio de Janeiro, Imago, 1986.

PESSANHA, José Américo. A vermelha flor azul – Prefácio. In VITAL BRAZIL, Horus. *Dois ensaios entre psicanálise e literatura.* Rio de Janeiro, Imago, 1992.

VITAL BRAZIL, Horus (1989). Psicanálise, cem anos depois. In *Revista Tempo Psicanalítico.* Rio de Janeiro, SPID, 1990, nº. 24.

_______ *Dois ensaios entre psicanálise e literatura.* Rio de Janeiro, Imago, 1992.

_______ *A relação conteúdo/forma na expressão literária* – Uma leitura crítica da interpretação freudiana de uma obra literária. Apostila. Rio de Janeiro, SPID, 1996.

WATT, Ian. *Myths of modern individualism.* Cambridge, Cambridge University Press, 1995.

# Psicanálise e arte

*Adelina Lima Freitas*

> No exercício de uma arte vê-se mais uma vez uma atividade destinada a apaziguar desejos não gratificados – em primeiro lugar, do próprio artista e, subseqüentemente, de sua assistência ou espectadores. As forças motivadoras dos artistas são os mesmos conflitos que impulsionam outras pessoas à neurose e incentivam a sociedade a construir suas instituições. (Freud, *O interesse da psicanálise do ponto de vista da ciência da estética).*

A psicanálise estuda a criatividade vinculada à sublimação, embora não esgote, com esta perspectiva, a possibilidade de compreensão do processo criativo. Todas as formações da cultura constituem modalidades de sublimação. O discurso freudiano forjou este conceito, com a mudança de objeto da pulsão passando a ser um atributo fundamental na reordenação do circuito pulsional. É a invenção de um novo objeto, que seja ao mesmo tempo compartilhado por outros sujeitos, que revela esta proposta e permite uma abordagem sobre a criação (Birmam, 1994) .

Freud não se considerava um conhecedor de arte, afirmando que seu conteúdo lhe provocava uma atração mais forte do que suas qualidades formais e técnicas, apesar de reconhecer que, para o criador, estes eram os valores maiores. Demonstrava uma profunda admiração pelos artistas em geral, com uma preferência que se apresentava na seguinte ordem: em primeiro lugar a poesia, depois a escultura e a arquitetura, em seguida a pintura e, por fim, a música.

Ao escrever, em 1914, o texto sobre *Moisés de Michelangelo*, Freud desenvolve algumas de suas idéias sobre a arte, afirmando que este artista chegou aos limites extremos da sua expressividade. Diante de uma produção artística, cada um é afetado de uma forma particular, o que gera falas diferenciadas a respeito daquela produção. É a intenção do artista que prende a atenção do admirador e, desperta-lhe a mesma atitude emocional, a mesma constelação mental que o impeliu a criar. Na perspectiva freudiana, contrária inclusive as formulações dos teóricos de arte que privilegiam a forma, para descobrir esta intenção é necessário alcançar, inicialmente, o significado e o conteúdo do que se acha representado na obra, ou seja, é preciso que haja uma interpretação para vir a saber porque alguém se sentiu afetado.

Entretanto, nas inúmeras passagens em que Freud trata da natureza da capacidade artística, geralmente se orienta não pelo pintor mas sim pelo poeta (Jones, 1953). Expressa sua admiração pelos autores literários considerando-os, inclusive, à frente da ciência no conhecimento da vida psíquica. Desta forma, considera os três grandes gêneros, o teatro, o romance e a poesia, como outros dialetos do pensamento inconsciente. Acredita que o artista possui algum dom misterioso, admirável e tem algo a dizer sobre sua natureza em dois pontos essenciais. O primeiro refere-se ao vínculo entre o escritor criativo e o sujeito comum na conexão entre a brincadeira infantil e as fantasia da vida posterior. O modo como o poeta ou escritor transforma o desejo infantil inconsciente em obra de arte é seu segredo mais particular. Os métodos usados permitem ao leitor responder à satisfação desses desejos de um modo que em outras circunstâncias seria impossível. O segundo aspecto está referido à distinção entre prazer preliminar que Freud identifica como a misteriosa técnica artística e o prazer final.

Em *Escritores Criativos e Devaneio* (Freud, 1908 [1907]), a discussão diz respeito à sublimação como um destino oferecido à renúncia pulsional, à perspectiva do sujeito abrir mão de determinadas satisfações sem perder a posição desejante, a arte sendo designada como uma possibilidade de sustentação do desejo na relação do sujeito com o outro, numa referência alteritária.

> Quando um escritor criativo nos apresenta suas peças, ou nos relata o que julgamos ser seus próprios devaneios, sentimos um grande prazer, provavelmente originário da confluência de muitas fontes ... o escritor suaviza o caráter de seus devaneios egoístas por meio de alterações e disfarces, e nos suborna com o prazer puramente formal, isto é, estético, que nos oferece na apresentação de suas fantasias. (p. 157).

É, sem dúvida, com a criação artística que encontramos o grau mais elevado de sucesso dos efeitos sublimatórios, pois o artista sabe dar uma forma particular às suas fantasias e conferir-lhes um valor universal que torna possível aliviar a outros da carga das suas próprias. Entretanto, esta elaboração implica num ocultamento do que é pessoal, onde os componentes particulares são transformados numa extensão tal que a interpretação e a sensibilidade do espectador se tornam indispensáveis para perceber a incompletude da mensagem. Por obedecer às leis da estética, ela seduz com uma gratificação prazerosa. A capacidade sublimatória, ao reorientar a pulsão, permite o desenvolvimento da cultura, tornando possíveis as atividades psíquicas superiores, científicas, artísticas ou ideológicas. Embora este acesso aos bens da cultura implique numa perda de gozo e não constitua uma proteção completa contra o sofrimento, quando esta possibilidade não se apresenta, sérios distúrbios podem ocorrer. Desta forma, a capacidade de sublimação decide onde se localizarão os interesses de uma natureza narcísica, se um homem se tornará um neurótico ou um artista.

O processo sublimatório caracteriza-se por ser uma produção original, diferenciando-se tanto da neurose, onde o recalque provoca um desvio das excitações que retornam pela via sintomática, quanto da perversão que implica numa rigidez das moções sexuais infantis. A sublimação inclui, acima de tudo, uma capacidade da pulsão para encontrar novas satisfações, a partir da plasticidade da força pulsional, que decorre da possível troca de um alvo sexual por outro não sexual, a passagem de uma satisfação à outra. O destino da pulsão, neste caso, é a possibilidade de troca, seja do alvo ou do objeto. Contrariamente ao sintoma, que indica uma fixação a um objeto imaginário na satisfação pulsional, a sublimação está referida ao vazio e a criação é justo o que aponta para tal. Por outro lado, nas formações neuróticas, há uma busca de satisfação privada: realizar por meios particulares o que se realiza na sublimação mediante um trabalho coletivo, com uma saída que permite universalizar o tipo de satisfação encontrada. Todavia, não é necessário que o objeto seja socialmente útil, que cumpra uma finalidade prática, mais sim que corresponda a ideais simplesmente simbólicos e a valores sociais vigentes numa determinada sociedade.

A grande questão aqui é que nem tudo pode ser sublimado: a sublimação diz respeito ao indivíduo e cada um tem seus limites quanto a esta possibilidade. A relação entre a amplitude possível da sublimação e o montante de atividade sexual necessária varia de um indivíduo para outro e mesmo entre sociedades.

> A arte é uma realidade convencionalmente aceita, na qual, graças à ilusão artística, os símbolos e os substitutos são capazes de provocar emoções reais. Assim, a arte constitui um meio-caminho entre uma realidade que frustra os desejos realizados da imaginação – uma região em que, por assim dizer, os esforços de onipotência do homem primitivo ainda se acham em pleno vigor (Freud, 1913, p. 223).

Freud afirma com esta passagem o caráter de acordo: o artista encontra um caminho entre uma realidade frustrante e o mundo dos desejos realizados no universo imaginário. Isto é possível na medida em que, por um lado, outros homens sentem o mesmo em relação às renúncias exigidas pela realidade e por outro, que a insatisfação, resultante da substituição do princípio do prazer pelo princípio de realidade é, ela própria, uma parte da realidade. A alteridade, então, se coloca como um critério da sublimação, a pulsão se inscreve na cultura pela produção de um objeto passível de compartilhamento por diferentes sujeitos. Freud (1932) associa, assim, à mudança de alvo uma outra referida ao objeto, além de considerar seu valor de laço social.

> As relações de um instinto (pulsão) com a sua finalidade e com o seu objeto também são passíveis de modificações; ambos podem ser trocados por outros embora sua relação com seu objeto seja, não obstante, a que

cede mais facilmente. Um determinado tipo de modificação da finalidade e de mudança do objeto, na qual se levam em conta nossos valores sociais, é descrito por nós como sublimação. (Freud, 1932, p. 21).

O artista compartilha com outros os impulsos de sua constituição psíquica, constrói uma forma criativa de disposição dos fantasmas, de domínio pulsional e de abertura para um outro campo de referentes permitido pela sublimação, com a manutenção da mobilidade da pulsão, o que, como vimos, está impedido na neurose. Ao configurar e inventar um novo mundo, a experiência criativa promove uma ruptura com as formas já presentes e estabelecidas, utilizando-se da transgressão metafórica referida a uma história individual, ao mesmo tempo em que inserida num universo de valores (Vital Brazil, 1992). O objeto imaginário, resultante da articulação da força pulsional com o narcisismo do criador, se expressa na obra acabada, suscitando uma emoção poderosa que fascina o espectador.

Desta forma, o vínculo que enlaça os sujeitos é o do plano da criação. Freud estava convicto de que a fonte do impulso criativo devia situar-se em alguma importante fantasia inconsciente e, se o objeto é perdido desde sempre, é preciso inventar formas simbólicas de representá-lo. Determinada obra funcionará para quem a consome como objeto parcial. Logo, gostar de uma produção artística resulta da possibilidade que ela contém de instigar o sujeito, da provocação pulsional originada no momento de sua criação. No processo sublimatório o objeto é inseparável das elaborações imaginárias e culturais.

Tomando a afirmação de Pereyson (1966) a respeito da arte como invenção, criação do novo, de um fazer que enquanto faz inventa, podemos estabelecer uma analogia com o inconsciente como ato, presença de uma realidade desejante. A obra artística, por suas características, permite esta realização ao inventar, figurar, descobrir.

Existe, portanto, na arte, a possibilidade de sustentação do desejo pelo sujeito, a partir de uma vivência compartilhada, com o reconhecimento da alteridade. Na literatura, a metáfora transgressora é uma evidência desta possibilidade. O pulsional está intrínseco ao objeto, em sua capacidade de sensibilizar. A obra de arte possui como especificidade produzir formas de afetação e de gozo que não dependem do domínio dos códigos e das características da produção dos objetos. Freud percebeu a função social da arte em seu efeito compensatório às insatisfações impostas pela civilização. Um aspecto importante ligado à produção artística é a relação com o tempo. Bakhtin (1979), afirma que a obra literária engrandece na medida em que se desliga ao seu ponto de origem para inserir-se na grande temporalidade enriquecedora. Ela alude ao passado para antecipar um futuro. No processo de sua vida póstuma, desdobra-se em novos sentidos e supera a si mesma, o que era no momento de sua criação. A obra artística, ao ter uma devolução do outro pelo que provocou, toma um sentido universalizável e ganha diferentes dimensões ao longo do tempo com as transformações culturais.

Para concluir, é possível afirmar que a sublimação só ocorre a partir do enfrentamento do vazio da existência e permite ao sujeito suportar a falta, criar, transformar e introduzir no mundo algo que toma uma dimensão particular. O alvo inicial da pulsão, obter um gozo sexual direto, cede lugar a uma satisfação sublimada, graças ao prazer intermediário de gratificação narcísica do artista. É realmente este narcisismo que condiciona e favorece a atividade criadora da pulsão sublimada. E é como ato que a obra artística vai impactar algo na materialidade do objeto que é pulsionável, instiga o consumidor, desperta um desejo de conhecer pela via da sedução e da provocação. Uma criação artística é uma tentativa do autor de negação e superação da sua incompletude, do sofrimento, da frustração, da transitoriedade e da finitude. Nesta tentativa sublimatória, tenta compartilhar com o outro, através dos recursos específicos de cada modalidade de arte e calcado no desejo, o prazer de transformar a vida.

No desamparo está funcionando o sistema desorganizador dos códigos, a pulsão de morte, o que coloca o sujeito frente à demanda de criar o novo pela perda da certeza. Não é possível encontrar o objeto perdido, mas é possível encontrar outra satisfação na sublimação, um vínculo erótico com o objeto, embora este seja inatingível enquanto alvo da satisfação sexual direta. Estranho paradoxo que sustenta os laços sociais, produz obras de beleza e originalidade insuperáveis aos olhos de todos e que se perpetuam ao longo do tempo.

## Referências bibliográficas

BAKHTIN, Mikail (1979). *Estética da criação verbal.* São Paulo, Martins Fontes, 1992.

BIRMAN, Joel. Desamparo, horror e sublimação. In *Estudos em Saúde Coletiva*, n.83, UERJ / IMS, 1994.

Freud, Sigmund (1908 [1907]). *Escritores criativos e devaneio.* Ed. Standard Brasileira. Rio de Janeiro, Imago, 1980, v. IX.

_______ (1913). *O interesse científico da psicanálise* (II-G). Ed. Standard Brasileira. Rio de Janeiro, Imago, 1980, v. XIII.

_______ (1932). *Conferência XXXII.* Ed.Standard Brasileira. Rio de Janeiro, Imago, 1980, v. XIII.

JONES, E (1953). *Vida e obra de Sigmund Freud.* Rio de Janeiro, Imago, 1989.

PEREYSON, L (1966). *Os Problemas da Estética.* São Paulo, Martins Fontes, 1989.

VITAL BRAZIL, Horus. *Dois ensaios entre psicanálise e literatura.* Rio de Janeiro, Imago, 1992.

# Shakespeare com Freud e Lacan

*Betty Bernardo Fuks*
*Maria Anita Carneiro Ribeiro*

Escuta, escuta, oh, escuta. (Shakespeare, *Hamlet*).

Próximo ao final da aventura que o levou a inventar a psicanálise, Freud, referindo-se a alguns versos de Goethe (Freud, 1939) , reconhece que sua disciplina sempre esteve submetida à autoridade do escritor e do poeta. Selava, desta forma, o que havia apreendido no início de sua prática: psicanálise e criação artística dizem respeito à Outra cena. Das artes, privilegia a que considerou melhor franquear acesso ao inconsciente: a literatura. Escolha registrada na carta a Fliess, de 15/10/1897, cujo tema gira em torno dos fundamentos do complexo de Édipo e de suas primeiras elaborações da obra de William Shakespeare (Freud, 1950, p. 305). Sobre este, se é verdade que a originalidade cognitiva e representativa foi o seu maior poder, instrumento com o qual adiantou todo o progresso da literatura que estava por vir, como insiste Harold Bloom (1995, p. 52); também é certo que a força poética do bardo inglês, antecipou, de algum modo, o avanço que estava por vir com a ciência inaugurada em *A Interpretação dos Sonhos* (Freud, 1900). Durante a escrita desta obra, movido pela busca de sentido que o sofrimento impõe, Freud decide romper com determinados saberes que conferiam, então, ao mundo onírico e à loucura o estatuto de mero erro de sentido e se apropria do discurso de Polônio sobre a loucura de Hamlet – "Há um método em sua loucura" (p. 83) – para destacar a dimensão de verdade destes fenômenos inquietantes.

Acerca deste giro fantástico da psicanálise em direção ao campo da literatura, vale uma reflexão. A obra de arte foi, de fato, uma das bússolas mais precisas a qual Freud recorreu, durante sua travessia pelos subterrâneos da relação do homem com a fantasia e a loucura, na teorização da experiência e exercício de seu compromisso ético em pensar o mal-estar na cultura[3]. Mesmo tendo sido nutrido pelo Iluminismo científico do século XIX, quando precisou vencer as resistências da ciência positivista à teoria do inconsciente e melhor fundamentar o edifício teórico que construiu como homem de ciência, se associou imediatamente aos poetas e escritores, aqueles que "conhecem entre o céu e a terra, muitas coisas que nossa sabedoria escolar ainda não pode imaginar" (Freud, 1906, p. 8). Lembremos que da tragédia de Sófocles, o fundador da psicanálise retirou o que hoje se conhece como o lugar nuclear do mito edipiano na estrutura psíquica do sujeito. A análise freudiana sobre a estruturação do sujeito encontra, em Édipo Rei, uma figura conceitual ímpar. O poeta de Colono, talvez tenha sido o maior de seus aliados: cantava em prosa e verso, muitos séculos antes da invenção do inconsciente, os mais profundos desejos que habitam a alma humana – o incesto e o parricídio – matéria-prima da investigação psicanalítica.

Seja como for que se interprete a presença da experiência literária na obra de Freud, o que não se pode negar é que as incursões feitas por ele neste universo, além de confirmar o que vinha descobrindo em sua "auto-análise" e na clínica, moldou sua forma de colher metáforas e exemplos conclusivos às teorias do aparelho psíquico. Ao estreitar as relações do fazer da psicanálise com o fazer estético e a criação artística,

[3] Sobre as marcas da literatura na teoria freudiana da cultura, ver o estudo feito por Sérgio Paulo Rouanet (2003) das obras literárias que Freud recomendou ao livreiro vienense Hugo Heller, em 1906. Rouanet escancara a paridade de vozes entre as vozes do escritor holandês Mutalti, do inglês Kipling, do francês Emile Zola, e as idéias freudianas desenvolvidas, principalmente, em "Moral Sexual Civilizada e nervosismo moderno"(1908) e no "Mal estar na Civilização" (1930).

a partir do texto "O Estranho", o criador da psicanálise, terminou evidenciando que estes fazeres constituem uma dimensão interna essencial à disciplina que inventou. Nesse sentido, nada poderia ser mais ilustrativo do que a escrita criada por Freud, a escrita do inconsciente. Escrita que o obrigou a escrever de forma extremamente enigmática para um cientista do início do século XX. Já nos primórdios da psicanálise, nos "Estudos sobre histeria", ele próprio reconheceu ter ficado bastante assustado ao perceber que as histórias de seus pacientes eram lidas como "novelas", desprovidas, por assim dizer, de qualquer caráter de cientificidade (Freud, 1895, p. 174). Transpondo todos os limites das observações sintomáticas da histeria, Freud adotou, como sistema de apreensão do sofrimento psíquico, uma série de eventos da história do sujeito que imediatamente eram integrados, pelo instrumento clínico da transferência, ao próprio processo de cura. Com isso, afastava-se da neurologia e da psiquiatria – "os diagnósticos localizados e as reações elétricas até então usadas para o entendimento de uma histeria, não levavam à parte alguma" – e se aproximava dos escritores – "uma descrição detalhada de processos mentais, como se costuma encontrar nas obras de autores literários, facilita a obter uma melhor e maior compreensão do curso desta afecção" (*ibidem*). Entre a ciência positivista e a narrativa literária, Freud escolhe a última fonte.

É este saber, saber *avant la lettre* psicanalítico, que atrai a atenção de Freud. A análise sistemática de uma obra literária, tal qual ele pode empreender, pela primeira vez, no romance de Wilhelm Jensen, *Gradiva, uma fantasia pompeiana*, demonstra, em primeira instância, o forte sentimento de estranheza que o invadiu, ao se deparar com a construção e desenrolar de uma obra, cujo autor, desconhecendo tudo sobre psicanálise, confirmava o que tão arduamente ele próprio havia conceituado e teorizado. Assim, apesar de considerar o texto de Jensen como um verdadeiro "estudo psiquiátrico" (Freud, 1907, p. 36), Freud se abstém de reduzi-lo a um mero protocolo da "enfermidade" de Norbert, o protagonista apaixonado por uma imagem de mármore – Gradiva, a cativante figura feminina de Pompéia. Sabe colher deste enredo elementos bastante significativos, com os quais cria um caso clínico "da história de uma cura que parece concebida para ressaltar determinadas teorias fundamentais da ciência médica da alma" (Freud, 1907, p. 37). Sua pena não se precipita. Segue o curso da escrita que revela uma forma de cura próxima à prática analítica.

A partir daí, acostumado a escrever a clínica como o desenrolar de uma novela, Freud constrói uma ficção teórica. Num primeiro plano, encontramos a apresentação de analogias entre a novela jenseniana e o tratamento psicanalítico e entre o sepultamento de Pompéia e o recalque psíquico. Mas para além desse exercício, aparentemente restrito ao campo da psicanálise aplicada, Freud, do conhecimento original que o autor detém sobre a função dos sonhos e da fantasia na vida psíquica, extrai as letras com as quais define o estatuto metapsicológico do delírio. É preciso lembrar que Freud qualifica como delírio as fantasias de Norbert, quando essa palavra nunca é empregada por Jensen, o que nos dá a medida do quanto a leitura à letra, estendendo-se para os brancos e as margens do texto, permite construir o saber em jogo no texto, que o artista não sabe. Enfim, a *Gradiva* de Freud testemunha que o sentimento de estranheza, provocado por um texto literário, determina que o analista pense, reflita e convoque a palavra a dar voz ao desejo de saber. No lugar de se limitar a encontrar situações psicológicas no romance ou aplicar conceitos psicanalíticos *a priori* estabelecidos, o analista se serve da obra para tornar inteligível os elementos mais significativos da experiência psicanalítica.

Infelizmente, na história da psicanálise, a literatura nem sempre é tratada como fiadora à renovação e criação de nossa disciplina. Em alguns momentos ela foi e ainda é deitada no divã do psicanalista. Neste caso, nas sábias palavras de Noemi Kon, "a literatura verá sua trama cadaverizada e dissecada para as confirmações e premissas que, num momento original, a psicanálise sustentou" (Kon, 2001, p. 92). Não são desconhecidos alguns dos enfadonhos estudos "psicanalíticos" em que o autor consegue reduzir uma determinada obra de arte à patologia ou à psicobiografia do autor. Nesta vertente, trata-se de ler, na obra, as marcas inconscientemente deixadas pelo autor o que requer do crítico usar a psicanálise como uma máquina de interpretação, colocando em risco a leitura do inconsciente. Uma precipitação que até Freud incorreu, ao esmiuçar a personalidade e a vida de Dostoievski e a de Leonardo Da Vinci, expondo a própria psicanálise a perder o elo original, com a obra de arte, de fortalecimento às próprias conclusões relativas à alma humana.

Entretanto, ele próprio chega a atinar para o perigo de se interpretar a obra de arte como uma mera "solução compromisso" do autor, sujeita ao trabalho que se limita à tradução através de uma grade exegética. Ao comentar a obra de Dostoievski, Freud confessa: "diante do problema do artista criador, a análise, infelizmente, tem de depor suas armas" (Freud, 1927, p. 216). É importante, então, sustentar que qualquer psicografia que pretenda completar a obra com o que lhe faltaria, a vida do autor, e preencher os enigmas dos textos com elementos biográficos, não elucida o mistério do dom que faz o artista.

Não há, portanto, uma posição unitária em relação à obra de arte e seu autor por parte de Freud, mas uma ambivalência entre o imperialismo das interpretações psicanalíticas que podem conduzir às enfadonhas psicobiografias e elaborações psicopatográficas do autor e o seu total retraimento para fortalecer, apenas, aquilo em que a produção literária antecipa uma melhor compreensão da alma humana e permite verificar, num jogo de espelhos, a própria face da construção psicanalítica (Kon, 2001, p. 95). Em Freud, esta ambivalência só ficará resolvida, com a construção de *Moisés e o monoteísmo,* livro que instala o jogo entre o texto bíblico e a construção freudiana, entre o objeto explicado e o discurso analítico. Trata-se de uma ficção teórica, algo que transgride a regra de cientificidade; que se assemelha, conforme a uma obra de imaginação. No campo da psicanálise, Freud ratifica a descoberta da associação livre em íntima conexão com a leitura de uma obra de arte: a leitura é um outro, e não outra face do idêntico. Nesse outro é que acontece o sentido do texto. Freud desconstrói o texto bíblico, escrito por autor desconhecido, convoca palavras, reinscreve traços, corta as letras, dá corpo aos brancos de um pergaminho ancestral, resignifica genialmente o Livro dos livros, para produzir um saber que concerne à psicanálise. Move-se apenas no campo do inapreensível, do outro. "Meu romance", diz Freud, ao apresentar *Moisés* a Arnold Zweig. Uma narrativa simultaneamente científica e literária, rigorosa e imaginosa.

Tendo como pano de fundo tanto o movimento inaugural de Freud em se aliar aos poetas e artistas no entendimento da alma humana, uma aliança amplamente reconhecida e endossada por Lacan em "Homenagem a Marguerite Duras pelo Arrebatamento de Lol V. Stein" (Lacan, 1989, p. 125), como o parentesco da psicanálise com o fazer do artista criador, voltemos a focalizar a obra de William Shakespeare, perfeita ilustração de que, no que diz respeito à verdade em causa no inconsciente, o artista precede o psicanalista, e é com o primeiro que o segundo pode aprender.

Cabe começar observando que apesar de Freud ter demonstrado, encontrar na letra do bardo inglês e de outros escritores importantes o fio do que ele próprio perseguia, muitos de seus críticos e biógrafos insistem em reduzir o método freudiano de leitura da obra de arte, a supostos dramas psíquicos que eles costumam atribuir ao próprio pai da psicanálise. Ernest Jones, por exemplo, em *A vida e obra de Sigmund Freud* (1989), especula o fato de que o inventor do método analítico teria, ainda que parcialmente, se identificado ao pintor Leonardo da Vinci, à figura bíblica de Moisés e ao poeta W. Shakespeare. Os estudos do inventor da psicanálise sobre estes três grandes homens seriam, ainda segundo o conhecido biógrafo de Freud, apenas variantes disfarçadas do tema que em psicanálise conhecemos sob o nome de "romance familiar" (p. 417). Jones observa que Leonardo da Vinci foi precocemente afastado de sua mãe camponesa e criado por sua madrasta fidalga. Ambas as mulheres o amaram apaixonadamente e Freud atribui a este evento muito da complexidade da vida sexual de Leonardo, bem como de muitas de suas produções artísticas. Sobre Moisés e Shakespeare, atribui à problemática identificatória do próprio Freud, o fato de acastelar a hipótese de que Moisés não era judeu e sim um egípcio, assim como também defendia, apaixonadamente, a tese de que o verdadeiro autor de Hamlet, o príncipe dilacerado pelo assassinato do pai, não teria sido o ator William Shakespeare (*ibidem*, p. 417-18).

É digno de nota que mesmo tendo escrito um artigo sobre a tragédia do príncipe da Dinamarca[4], Jones ignorou o fato de que tanto as investigações sobre a estrangeireidade de *Moisés* como as dúvidas acerca da

[4] "The Oedipe complex: An ecplanation of Hamlet mystery, a study on motive. (Journal of American Psychology – 1910)

identidade de Shakespeare, no início dos novecentos, eram freqüentes em todas as áreas. Havia todo um esforço dos historiadores da religião para desvendar a origem desta figura maior do judaísmo e da crítica literária em descobrir a identidade do bardo inglês; o nome completo que aparecia disfarçado nas iniciais W. H., legíveis na dedicatória dos *Sonetos*. Isto nos dá a medida do quanto o biógrafo inglês de Freud, Jones, não resistindo à tentação de aplicar ao próprio Freud uma diligência de inspiração psicanalítica, deixou de levar em conta a história cultural da época e terminou por se desviar da prática psicanalítica de leitura à letra.

Toda e qualquer pretensa atribuição de uma razão identificatória de Freud a personagens de sua história pessoal ou da História, é de uma ingenuidade desconcertante. Em geral, trata-se de uma interpretação "psicologizante", por parte dos psicanalistas, do biógrafo de Freud e historiadores. Deve-se de ter muita cautela para não se empobrecer, com uma "interpretação psicanalítica", sumária e selvagem, tanto a arte quanto a vida e a obra de Freud. Trata-se de um vício reducionista que pouco ou em nada contribui à transmissão dos conceitos psicanalíticos. Sem dúvida, a obra de Shakespeare ocupou um lugar especial no pensamento de Freud e diríamos que a polêmica que criou em torno de encontrar em Shakespeare o "estrangeiro em terra estrangeira", que era como ele localizava Moisés, se situa para além de qualquer eventual identificação imaginária. Nos três personagens citados, é menos de identificação, como sugere Jones, do que se tratava para Freud, mas da atopia do sujeito do inconsciente, encarnada nestes grandes homens.

*Hamlet*, a peça mais célebre de Shakespeare, como se sabe, não é fruto de uma idéia original. Trata-se de uma tragédia inspirada num mito popular de origem escandinava e que já havia sido publicado. O mesmo se deu com *Romeu e Julieta*. A grandeza do bardo inglês não reside na originalidade de sua inspiração. Não é tampouco desconhecido o fato de que algumas das peças históricas deste poeta que ultrapassou até mesmo as três influências significativas que sofreu durante sua vida e obra – Marlowe, Chaucer e a Bíblia inglesa[5] - foram escritas para lou-

[5] Para Harold Bloom, Shakeaspeare teria engolido Marlowe, "como um peixinho por uma

var a dinastia dos Tudor, que havia subido ao trono após a guerra das duas rosas. Quando a rainha Elizabeth Tudor morreu, sendo sucedida pelo rei Jaime I da Escócia, Shakespeare escreveu a tragédia *Macbeth*, em louvor ao rei Banquo, antepassado do rei Jaime I. Eram, portanto, peças de encomenda (Shakespeare, 1995). No entanto o gênio do poeta se sobrepõe a tudo isto e demonstra que, por sua obra, o artista faz a economia do recalque e revela algo da verdade. A escrita de Shakespeare escoa por este desvio pulsional que Freud chamou de *sublimação*, o recurso que permite a suspensão do recalque e o vislumbrar do recalcado. A obra de arte realiza, de fato, um invólucro da castração.

A excepcional capacidade do poeta em representar o sujeito e de criar representações literárias, opera de modo a "induzir a realidade a revelar aspectos de si própria que nós, de outra forma, não poderíamos discernir" (Bloom, 1993, p. 79). Freud (1900 [1899]), se deixando guiar pela pena de Shakespeare, termina tomando *Hamlet* em seqüência com o Édipo de Sófocles. É como se a tragédia do poeta inglês completasse a do poeta grego na elucidação do complexo central da neurose.

> No mesmo solo de *Édipo Rei* se enraíza outra das grandes criações trágicas, o *Hamlet* de Shakespeare. Porém no modo diferente de tratar o material idêntico manifesta-se toda a dessemelhança da vida anímica nestes dois períodos da cultura..."(Freud, 1900 [1899], p. 273).

Com efeito, embora o inconsciente ignore o tempo passado, presente ou futuro não significa que a psicanálise possa estar fora do tempo, ou de determinada época. Se por um lado complexo central da neurose diz respeito aos sujeitos, individualmente, em suas particularidades, por outro lado, este particular, por estar ligado à linguagem, faz parte de determinado período da História. E certamente, em se tratando da

baleia"; ultrapassando Chaucer na capacidade deste escritor representar o humano; e superado o Javista suposto autor do Livro dos Jubileus, ao perceber que a crença "não passa da fraca desleitura da literatura, assim como a poesia depende de uma desleitura, forte ou criativa, do poder anterior da poesia" ( 1993, p. 67-68) conexão entre arte e psicanálise, Freud estava atento à subjetividade do autor e da história pública de sua época.

Jacques Lacan (1989) irá traduzir esta tese freudiana da dessemelhança da vida anímica em diversos tempos históricos, utilizando-se do Hamlet de Shakespeare para estabelecer o contraste entre o herói trágico da Antiguidade (*Édipo Rei*, de Sófocles) e o herói moderno. O herói da tragédia antiga não sabe o que sabe de seu destino e é um joguete nas mãos dos deuses. O herói moderno sabe dos crimes do pai e da luxúria da mãe, é atormentado por sua divisão subjetiva. Quer vingar o pai, mas está identificado ao seu assassino.

Na tragédia de Hamlet, o herói se concentra na hesitação, na procrastinação em cumprir a vingança desejada pelo pai morto. Um pai que, em nenhuma passagem da peça, é lembrado como o rei que ama o filho, mas apenas seu amor por Gertrude. A peça se desenrola sobre as hesitações do príncipe de vingar a morte de quem considerava um pai e rei ideal. Em decorrência deste saber que o paralisa – o assassinato do seu pai - muitos autores e até mesmo o próprio Freud[6] consideram a figura de Hamlet como exemplo conclusivo ou protótipo da histeria masculina, com sua impotência edipiana. Outros, a partir da dúvida do príncipe afligido pela lamentação, ciúme assassino e ódio incessante, o tomam como paradigma pela célebre questão da dúvida obsessiva: ser ou não ser, *To be or not to be – that is the question* (*Hamlet*, Act III). Ou seja, obsessivo pois sofre dos pensamentos e detém seu ato pela procrastinação, e, histérico porque identificado ao desejo do Outro. No limite da conexão entre psicanálise e literatura a experiência da escrita reatualiza a primeira: segundo Lacan (1989):

> ... o efeito Hamlet sobre nós não é devido à presença de algo que sustentaria realmente em face de nós um inconsciente. Não temos relação com o inconsciente do poeta (...). Procurar nas obras alguns traços que informem sobre o autor não é analisar o alcance da obra como tal (p. 44).

[6] Cf. Carta a Fliess de 15/10/1897, supracitada.

Hamlet é ao mesmo tempo obsessivo e histérico porque não é um sujeito do inconsciente: é o personagem de um artista que através dele fala da verdade do sujeito do inconsciente.

Em *Dostoievski e o parricídio* (1927), Freud acrescenta ao *Édipo* de Sófocles e ao *Hamlet* de Shakespeare, O*s irmãos Karamazov* de Dostoievski. Neste artigo, ele esclarece que nestas três obras primas, se articulam as questões sobre o assassinato e sobre o feminino, enquanto enigma sobre o desejo e enquanto encarna o próprio objeto causa de desejo. O assassinato do pai leva, nos três textos, à construção do pai como pivô da estrutura. Em *Édipo Rei*, o pai assassinado é Laio, cujo gozo excessivo e transgressor atraiu sobre as gerações dos Labdacidas a maldição dos deuses. Em *Hamlet*, o pai assassinado confessa, quando surge sob a forma de fantasma, que morreu na flor de seus pecados. Novamente aqui é o pai e seu gozo que estão em questão. Também na figura obscena e feroz do pai Karamazov, é o gozo do pai que é posto em evidência em seu assassinato. Os filhos, como os irmãos da horda primeva, todos têm motivo para desejar sua morte. Entretanto é necessário destacar o fato de que em cada uma destas obras o assassinato do pai gozador delineia uma conjuntura particular que diz do sujeito do inconsciente. Deixemos de lado os irmãos Karamazov e vamos ver, com Lacan, o que o *Hamlet*, de Shakespeare, vem acrescentar ao *Édipo Rei*, de Sófocles.[7]

Na "Observação sobre o relatório de Daniel Lagache" (1960), o comentário de Lacan (1960 [1998] é mais poético e se refere à função do bobo da corte ou do idiota, na obra de Shakespeare, em geral. Ao comentar um chiste de Alfred Jarry com a palavra *merde*, invoca nosso bardo inglês:

> Que não se veja nessa pequena extravagância na seriedade de nossa exposição senão nossa preocupação de lembrar que foi ao *fool*, oh! Shakes-

[7] Lacan se refere ao Hamlet de Shakespeare em alguns momentos nos Escritos. Na "Instância da Letra" (1957). E uma nota ao pé de página, compara o par Rosencrantz e Guildenstern, os amigos traidores, contratados pelo rei Claudius para entregar Hamlet à morte e com quem Hamlet reverte o jogo e os entrega para morrer, ele compara esta dupla à própria IPA (Lacan [1957], 1998, p. 509, nota 17).

peare!, tanto na vida quanto nas letras, que ficou reservada a sina de manter disponível, através dos séculos, o lugar da verdade que Freud iria trazer à luz (p. 667).

Podemos nos perguntar se no Hamlet o papel do *fool* – que quer dizer *bobo*, porém quer dizer *louco* também – não é o do próprio príncipe da Dinamarca, que se faz de louco enquanto ganha tempo para executar sua vingança, sempre protelada.

Lacan dedica ao *Hamlet*, de Shakespeare, a maior parte de seu sexto seminário, *O desejo e sua interpretação* (1958-1959). Este seminário é contemporâneo ao escrito "A significação do falo" e marca um momento bem preciso de seu ensino. Em 1953, com o "Discurso de Roma" contemporâneo do *Seminário I*, o analista francês inaugura o que considera o seu ensino propriamente dito, ou seja, o retorno a Freud. Nos cinco primeiros seminários estabelece o que seria o campo freudiano: o campo da fala e da linguagem, regido pelas leis do inconsciente, metáfora e metonímia, leis da linguagem. A nosso ver, o sexto seminário abre um novo momento no ensino de Lacan: o momento em que ele começa a construir o que considera sua grande contribuição à psicanálise – o objeto *a*.

No *Seminário VI*, Lacan aborda o objeto, causa de desejo pela via do falo, conceituando-o neste lugar ambíguo de significante da falta no Outro e, ao mesmo tempo, objeto do desejo. Nos dois seminários seguintes, ele vai buscar novos elementos para a construção lógica do objeto da psicanálise. No *Seminário VII - A ética da psicanálise*, recorre ao *Das Ding – a coisa freudiana*, relendo o "Projeto de 1895" e no *Seminário VIII – A transferência*, vai buscar no *Banquete*, de Platão, o *ágalma*, elevando ambos – *Das Ding* e *ágalma* – à categoria de avatares do objeto *a*.

Nos quatro seminários seguintes *A identificação*, *A Angústia*, os *Quatro conceitos fundamentais* e os *Problemas cruciais para a psicanálise*, o mestre de Paris vai trabalhar a extração do objeto *a* na constituição do sujeito. Esta nova série vai culminar no *Seminário XIII – O objeto da psicanálise*, onde este será abordado justamente através de outra obra de arte – o quadro *As meninas*, de Velásquez.

A construção lógica do objeto *a* é condição necessária para a elaboração do campo de gozo, campo do que está além da palavra, embora obedecendo às leis da linguagem. Abordada por este viés, a construção do objeto *a* se inicia e culmina no ensino de Lacan pela análise da obra de arte: do *Hamlet* de Shakespeare às *Meninas* de Velásquez.

Em sua análise, Lacan nomeia, de saída, em que a peça de Shakespeare acrescenta ao *Édipo* de Sófocles na apreensão da verdade sobre o sujeito do inconsciente: Hamlet é uma tragédia sobre o desejo. O desejo inconsciente é aqui revelado na sua essência como transgressor, incestuoso e mortífero. É também, como já dissemos, uma peça sobre o enigma do feminino enquanto causa de desejo. Como primeira figura do Outro na vida de cada um de nós, a mãe é o objeto de amor e desejo. É isto que Freud enfatiza com a universalidade do complexo de Édipo. Porém, para alem da mãe, há uma mulher com o seu desejo enigmático, que não está todo referido ao falo e à linguagem. É esta dimensão misteriosa do feminino que causa a inquietação do desejo.

Em *Hamlet*, a questão da mulher, presente em toda a obra de Shakespeare, se desdobra nas figuras de Gertrude e Ofélia. Gertrude, a mãe, é a figura obscena do gozo. Ofélia, o falo, encarna o objeto do desejo de Hamlet, mas só pode operar enquanto tal, ou seja, desencadeando a ação até então procrastinada, depois de morta. É no túmulo aberto de Ofélia que Hamlet recupera o desejo na relação especular com seu duplo, Laertes, o irmão de Ofélia.

Lacan chama a atenção para o fato de que durante toda a peça só se fala de luto, o que se mostra bastante lógico, já que é uma tragédia sobre o desejo. O luto em Hamlet é o que faz escândalo do casamento da mãe com o cunhado, Cláudio, alguns meses depois da morte do pai; um casamento demasiadamente precoce que terminou abreviando os rituais necessários à elaboração do luto. A tragédia escancara o desconhecimento do homem moderno para sua economia psíquica do valor do ritual no luto. Tendo em mente esta desordem, Lacan (1958-1959) vai nos dizer sobre a relação do sujeito ao desejo, a angústia, ao luto, ao falo e ao objeto *a*:

> O objeto *a* é o objeto que sustém a relação do sujeito com o que ele não é [...] Mas acrescentamos: ao que ele não é, na medida em que não é o falo (p. 112).

O objeto do desejo enquanto não é o falo, provoca angústia porque se remete ao desconhecido, ao que está fora da linguagem. Na medida em que este objeto está para sempre perdido, a angústia enlaça o luto ao desejo.

Neste momento, Lacan estabelece a diferença entre o objeto do desejo – o falo – que é apenas um semblante, entre o imaginário e o simbólico, e o objeto causa de desejo – objeto *a* – que é da ordem do real. Conclui então: "O sujeito é, se o posso dizer, um objeto negativo" (p. 113).

*Hamlet*, de Shakespeare, ilustra com perfeição o que Lacan designou como o espaço da tragédia, este umbral entre-duas-mortes, espaço em que o horror é velado pela beleza imortal das palavras do poeta. Lacan (1988) diz do herói trágico:

> Eles são elevados a um extremo, que a solidão definida em relação ao próximo está longe de esgotar. Trata-se de outra coisa – são personagens situados de saída numa zona limite entre a vida e a morte (p. 330).

É neste espaço que o horror da morte é velado pelo efeito de beleza. "O efeito de beleza é o efeito de cegamento" (p. 340). Na peça *Vestido de noiva*, de Nelson Rodrigues (1981), o horror do entre-duas-mortes é velado pela beleza do texto e pela brancura da veste nupcial. De Alaíde, a heroína. Logo no início da peça, o diretor do jornal *A Noite* pergunta ao repórter carioca: "Morreu?", e tem como resposta: "Ainda não. Mas vai" (p. 19). Por meio de um personagem secundário, a morte de Alaíde é anunciada. Ainda não. Mas vai.

Em *Hamlet*, logo no 1º ato, após a aparição do fantasma, que funciona como um prólogo, a primeira fala do rei Claudius, diz:

> ... embora a morte de nosso caro irmão Hamlet ainda permaneça viva em nossa recordação, e convenha-nos manter enlutados nossos corações e seja nosso reino submetido a um só gesto de pesar... (Shakespeare [1602], 1995, p. 537).

No filme do laureado diretor e roteirista britânico Kenneth Branagh (1996), após o prólogo com os guardas, a câmera avança numa tomada frenética que pega o salão do banquete de núpcias de Gertrude e Claudius de cima, com a voz do rei assassino anunciando em *off* a morte de Hamlet. Ainda não. Mas vai.

De que Hamlet se trata? Logo em seguida compreendemos que falavam do pai de Hamlet, o Rei, que tinha o mesmo nome do filho, porém o gênio do poeta já introduz, por esta ambigüidade, a morte anunciada de Hamlet. A peça tem assim a mesma estrutura do sonho de um paciente de Freud que Lacan analisa no início do *Seminário VI*: o filho, que havia perdido seu pai após uma longa doença, sonha que este conversa com ele, o que lhe produz forte angústia pois "ele não sabia que ele estava morto". E, Freud acrescenta "segundo seu desejo". Quem não sabia que estava morto? Lacan diz que a morte do pai aponta para o sujeito a sua própria mortalidade, a grande castração. Quem não sabia que estava morto? Nosso caro irmão Hamlet?

## Referências bibliográficas

BLOOM, Harold. *O Cânone Occidental: os livros e a escola do tempo*. Rio de Janeiro, Objetiva, 1995.

_______ *Abaixo as Verdades Sagradas: poesia e crença desde a Bíblia até os nossos dias*. São Paulo, Cia. das Letras, 1993.

Freud, Sigmund. *Fragmentos de la correspondencia con Fliess (1892-99)*. Obras completas. Buenos Aires, Amorrortu, 1976, v. I.

_______ *Estúdios sobre la histeria (Breuer y Freud) (1893-95)*. Obras completas. Buenos Aires, Amorrortu, 1976, v.2.

_______ *La interpretación de los sueños (1900 [1899])*. Obras completas. Buenos Aires, Amorrortu, 1976, v. 4.

_______ *El delirio y los sueños en la "Gradita" de W. Jensen (1907 [1906])*. Obras completas. Buenos Aires, Amorrortu, 1976, v. 9.

_______ *Dostoievski y el parrícido (1928 [1927])*. Obras completas. Buenos Aires, Amorrortu, 1976, v. 21.

_______ *Moisés y la religión monoteísta (1939 [1934-38])*. Obras completas. Buenos Aires, Amorrortu, 1976, v 23.

JONES, Ernest. *A vida e a obra de Sigmund Freud*. Rio de Janeiro, Imago, 1989, v. 3.

KON M. N. De Poe a Freud – O Gato Preto. In Bartucci, G. *Psicanálise e Literatura.* Rio de Janeiro, Imago, 2001.

LACAN, Jaques. A instância da letra no inconsciente (1957). In *Escritos.* Rio de Janeiro, Jorge Zahar, 1998.

_______ Observação sobre o relatório de Daniel Lagache (1960). In *Escritos.* Rio de Janeiro, Jorge Zahar, 1998.

_______ *O seminário, livro VII, A ética da psicanálise (1959-1960).* Rio de Janeiro, Jorge Zahar, 1988.

_______ *Shakespeare, Duras, Wedekind, Joyce.* Lisboa, Assírio Alvim, 1989.

RODRIGUES, Nelson. *Vestido de Noiva (1941).* Teatro completo. Rio de Janeiro, Nova Fronteira, 1981.

ROUANET, Sérgio P. *Os dez amigos de Freud.* São Paulo, Cia. das Letras, 2003.

SHAKESPEARE, William. *Obra completa.* Rio de Janeiro, Nova Aguilar, 1995, v. I.

_______ *The complet works.* [*on line*]. Julius Kovac. http://www.shakespeare.sk.

# Olhando a pulsão de morte: sobre o ato de criar

*Dirce Ferreira da Cunha*

> E os escritores criativos são aliados muito valiosos, cujo testemunho deve ser levado em alta conta, pois costumam conhecer toda uma vasta gama de coisas entre o céu e a terra com as quais a nossa filosofia ainda não nos deixou sonhar. Estão bem diante de nós, gente comum, no conhecimento da mente, já que se nutrem em fontes que ainda não tornamos acessíveis à ciência. (Freud, *Delírios e sonhos na Gradiva de Jensen*).

O que é o processo criativo na formação do indivíduo? Acreditamos que seja essa a grande questão que pretendemos colocar neste ensaio, trabalhando sobre a seqüência: o estranho, o estrangeiro, a pulsão de morte e, como um derivado desta, a pulsão anarquista na produção ou organização do "novo". Será que criar é a saída para superar um agudo sofrimento?

Será que é um drama, como afirma M'uzan (1964)? Drama no sentido de ação, não no sentido negativo.

Enfim, será que o processo criativo pode funcionar pela via da sublimação, ou mais ainda, através da pulsão de morte? É exatamente este último caminho que pretendemos abordar. Pensar a pulsão de morte como potência criadora.

Refletimos inicialmente sobre a pulsão, criada para dizer do limite entre o psiquismo e o somático; a pulsão que se traduz como uma potência que se presentifica em representações, efêmeras e transitórias, nas quais todas as letras e palavras colocadas no discurso analítico não poderão jamais recobrir esta força. Daí se dizer que a *essência* da pulsão é ser sempre parcial, de modo que *Trieb* – impulsão – é um ponto *limite* que surge como um dos principais modos teóricos de acesso ao inconsciente, um de seus derivados, tal como o recalque e a sublimação.

Freud (1920) em *Além do princípio do prazer,* introduz o conceito de pulsão de morte; com isso, a teoria das pulsões sofre modificações. Inicialmente Freud distingue dois grupos de pulsões primordiais: *as pulsões de auto-conservação - ou pulsões do eu – e as pulsões sexuais.* As primeiras visando à auto-conservação do indivíduo, e as últimas visando ao prazer do órgão. Esse esquema é mantido até a proposição de *Além do princípio do prazer,* onde novo dualismo surge: *pulsão de vida* – que passa a englobar as pulsões sexuais e as de auto-conservação - e a *pulsão de morte.*

Freud (1933), após várias digressões sobre os tipos de pulsões, em *Novas conferências introdutórias,* volta ao dualismo entre pulsão de vida *versus* pulsão de morte.

Um de seus últimos textos, publicado depois de sua morte – *Esboço de Psicanálise* (1940) – é um trabalho que pode ser descrito como inacabado, mas que é difícil considerá-lo incompleto. O *Esboço* tem um caráter único: enquanto seus textos visam a explicar a Psicanálise a um público estranho a ele este é algo semelhante a um "curso de atualização" para estudantes adiantados em psicanálise. Diz ele que, após uma longa vacilação, decidiu-se por aceitar apenas duas pulsões básicas: *pulsão de vida e pulsão de morte* consideradas como princípio conjuntivo e disjuntivo, já que a meta da primeira dessas pulsões básicas é estabelecer unidades cada vez maiores e preservá-las; a meta da segunda é desfazer as uniões e destruí-las.

Assim, como afirma Freud (1940):

> No caso da pulsão destrutiva , podemos supor que seu objetivo final é levar o que é vivo a um estado inorgânico. Por essa razão chamá-la também de pulsão de morte. Se presumirmos que as coisas vivas aparecem mais tarde que as ajusta à fórmula que propusemos, a qual postula que as pulsões tendem a retornar a um estado anterior (p. 173 – 4).

Ao estabelecer esse dualismo, Freud cria, no entanto, um ponto obscuro. Se a energia das pulsões de vida é a libido, qual a energia da pulsão de morte? Até esse momento, o máximo que poderia apresentar é que nenhuma das pulsões se apresenta em estado puro – pulsão de vida e pulsão de morte - encontram-se sempre misturadas. A diferença considerada era que, enquanto as manifestações da pulsão de vida são numerosas e ruidosas, a pulsão de morte é invisível e silenciosa.

Com a oposição entre pulsão de vida e pulsão de morte, colocadas não como duas dualidades ontologicamente distintas mas como componentes de um campo de força em que se estruturam dialeticamente, há alternância entre ambas. Segundo Freud (1920): "Se, portanto, não quisermos abandonar a hipótese das pulsões de morte, temos que supor que estão, associadas, desde o início, com as pulsões de vida" (p. 78).

Mas a grande preocupação de Freud era estabelecer a autonomia da pulsão de morte, ou seja, não depender da energia da libido. Isto é algo que Freud não consegue atingir em *Além do princípio do prazer*.

É no texto de Freud (1930), *O mal-estar na cultura*, que encontramos a autonomia da pulsão de morte colocada como pulsão de destruição, sendo a destruição concebida como disposição pulsional autônoma, originária do ser humano. Ao situar a pulsão de morte com autonomia, portanto entendida como potência de destruição, a consideramos além da representação, além da ordem, além do princípio do prazer, além do sexual e para além do próprio aparelho psíquico. É pura potência dispersiva. Passa, assim, a categoria de pulsão por excelência, primordial. Surge, porém, um problema novo: como situar a pulsão sexual?

Garcia-Roza (1990) faz a seguinte consideração:

> Se caracterizamos o sexual como aquilo que está sob a égide do princípio do prazer, então ele é algo que se encontra referido ao aparelho anímico e, portanto, inerente ao espaço de representação (p. 159).

Então, segundo o referido autor, "além do princípio do prazer" (p. 160) designaria, em decorrência, o que estaria além do sexual .Podemos, portanto, refletir sobre a solução apresentada por Garcia-Roza:

> A solução estaria em concebermos o dualismo pulsional não como um dualismo de *natureza* das pulsões, mas como um dualismo de m*odos* da

pulsão. Assim, as pulsões, em si mesmas, seriam todas "qualitativamente da mesma índole", como diz o próprio Freud; a diferença entre elas seria dada pelos seus modos de presentificação no aparato anímico. E poderíamos conceber dois modos fundamentais: o disjuntivo e o conjuntivo. Se a pulsão se faz presente no aparato anímico promovendo e mantendo uniões, conjunções, ela é dita "de vida"; se ela se presentifica no aparato anímico disjuntivamente, "fazendo furo", então ela é dita "de morte." Dessa forma, *pulsão de vida* e *pulsão de morte* seriam modos de presentificação da pulsão no psiquismo e não qualidades das pulsões elas mesmas (p. 162).

Acreditamos que, com o exposto, a pulsão de morte nos leva a pensar numa região introduzida na psicanálise, ou melhor, no campo psicanalítico, considerado como o lugar do caos pulsional, oposto à ordem que existe no aparelho psíquico. É o que vai "além" do psiquismo, sendo disjuntivo, destrutivo, desfazendo as formas constituídas, lugar do caos e dando lugar ao "estranho", ao "novo". Esta seria a potência criadora e iniciadora de novos começos. É a ela que direcionamos o nosso interesse.

## Estranho: fora da "ordem" para a criação

Para introduzir a pulsão de morte no processo criativo, vamos retomar uma expressão de Freud (1919), na descoberta no interior de si, "de uma inquietante estranheza" (p. 283). Esta inquietante estranheza é, ao mesmo tempo, uma inquietante familiaridade, pois é um ser familiar. Este ser que somos "nós", que está no fundo de "nós", que se sente bem por ser "nosso" e que, ao mesmo tempo, nós não o reconhecemos como nosso e do qual nós temos medo do que ele poderia dizer, fazer, manifestar se nós lhe deixamos a palavra, a ação. Embora seja substancialmente identificado com o termo latino *familiaridade*, também é, talvez no mesmo grau, identificado com a idéia de algo escondido. É o íntimo e o secreto que não chegam a ser contraditórios, embora muito diferentes.

O elemento amedrontador é algo recalcado que volta a emergir, comparado ao efeito da loucura e talvez ao surgimento do ato criativo. Forças que não se suspeitava que existissem, mas que, ao mesmo tempo, apercebe-se vagamente da existência delas em regiões remotas do nosso ser. O que existe é o recalcado real de algum conteúdo de pensamento e um retorno de conteúdo recalcado, e não a cessação de crer na realidade de tal conteúdo. Por outro lado, Freud (1915) nos fala em algo que pertence ao registro de um inconsciente não recalcado, quando nos fala no texto *O inconsciente*:

> Todo o recalcado permanece necessariamente inconsciente, mas, de início, declaramos que o recalcado não recobre todo o inconsciente. O inconsciente tem uma extensão mais larga; o recalcado é uma parte do inconsciente (p. 191).

Nesta afirmação, segundo Fuks (1997), Freud reconhece duas formas de registro da pulsão: *a ideativa e a afetiva* (p. 198), possuindo cada uma delas sua própria energia psíquica. A primeira refere-se ao conteúdo já representado, e a forma afetiva indica um excesso pulsional que não se inscreve na simbolização. É nesse último que podemos situar a causa última do desejo – o *fallus* – aquilo que não é simbolizado. É nesse mais *além* que talvez possamos situar a busca das pulsões, ao querer simbolizar, através dos fragmentos, a parte desconhecida do inconsciente, ou do silêncio da pulsão de morte.

O ato criativo seria da ordem do inconsciente não recalcado, lugar da inquietante estranheza. E, particularmente, podemos pensar na vida do escritor na busca da separação, da solidão e do isolamento para produzir suas obras. Procura recobrir, assim, a angústia e o desamparo através do processo de sublimação do desejo sexual.

Segundo Freud (1919), o *estranho* se refere ao medo que os pacientes têm do *complexo de castração* e da ansiedade diante da situação. Seria o fato infantil o responsável pelo sentimento de estranheza, e o ego é levado a projetar para fora, aquele material, como algo estranho a si mesmo. Assim, o estranho provém de algo familiar que foi reprimido. Freud acrescenta que o estranho na literatura, em histórias de criação fictícias, tem um campo mais amplo e fértil para seu surgimento do que na vida, porque pode contar com elementos da vida real e o que vai além, acreditando-se que aquilo que não pode se transformar num conteúdo nos leva "além,"para um resíduo irredutível ao princípio do prazer. Afirma Freud: "...em primeiro lugar, muito daquilo que não é estranho, em ficção sê-lo-ia se acontecesse na vida real; e, em segundo lugar, que existem muito mais meios de criar efeitos estranhos na ficção, do que na vida real" (p. 310).

Alguns psicanalistas tendem a construir uma analogia entre o estranho, o que é estrangeiro, a pulsão de morte e o que é revoltante, colocado mais além do princípio do prazer. Isto é, aquilo que a compulsão à repetição visa a reintroduzir, e que é da ordem do inconsciente não recalcado, lugar da inquietante estranheza.

Segundo Freud, o fenômeno do *duplo* aparece em vários personagens, de escritores como Hoffmann, quando demonstram essencialmente "a duplicação, divisão e intercâmbio do eu (*self*) " (p. 294). A idéia do *duplo* é ligada por ele a vários conceitos: identificar-se com outra pessoa, negação da morte, segurança contra a destruição do ego, observar e criticar o eu (self) e de exercer censura. Nada até aqui justifica o estranho projetado para fora "como algo estranho a si mesmo" (p. 295), mas sim, algo que foi estabelecido, porém se alienou através do processo de separação, que sempre está presente. Algumas estranhezas se originam da proximidade do complexo de castração, e outras, das fantasias do medo da volta à existência intra-uterina.

Na literatura que, segundo Freud (p. 310), merece consideração em separado, as histórias, os contos, as criações fictícias favorecem o aparecimento do estranho, muito mais que na vida real. O escritor criativo tem mais liberdade para escolher o mundo de representação: a razão da fantasia é não se submeter à realidade. Assim, no artista, o retorno do reprimido acontece na representação criadora, quando este, ou cria, ou repete os caminhos ao sair pela pulsão de morte.

Julia Kristeva (1988) aproxima o estranho da concepção do estrangeiro que habita em nós, a face escondida de nossa identidade, e que é irremediavelmente seu cúmplice, e que, por isso, é aprovada sua permanência, já que é a via para ir à realidade necessária e aberrante. Assim, em analogia com o estrangeiro - de nação diferente daquele a que se pertence - a autora aborda o estranhamento que habita em nós, portadores de traços que às vezes nos atraem, e às vezes nos causam repulsão. Ele nos oferece a oportunidade, com as modificações introduzidas, de nos conduzir a refletir sobre nossa capacidade de aceitar os novos modos de alteridade. É a possibilidade de ser constantemente outro, em função de outros e das circunstâncias. Como apresenta Kristeva (1988): "Eu fiz isto que os outros querem, mas não sou eu, eu sou *outro*, eu não pertenço a ninguém, eu não pertenço a mim, *eu existo*" (p. 18).

O estranho nos força a mostrar a maneira secreta de encarar o mundo, de nos encararmos totalmente, e encararmos também o mundo em sua totalidade. Quase sempre a expressão do estranho assinala que está "em outra," seja ele jovial ou perturbador. Ele representa a existência de um "duplo", bom ou mau, agradável ou mortífero. Usa múltiplas máscaras e apresenta "falsos *selfs*", não é nem verdadeiro nem falso, mas faz tudo para conquistar seu território, seu espaço. Acrescenta Kristeva: "o estrangeiro não é nenhuma parte. Mas não nos enganemos, há na maneira de viver a ligação a um espaço perdido" (p. 21). Na condição de estrangeiro, é um incorrigível ansioso, ávido de reencontros: ele se alimenta deles e os atravessa, eterno insatisfeito, eterno farrista. Nos reencontros, pensa nele, logo o outro não sabe quem ele é, quem ele viu propriamente. É o esclarecimento, a manifestação do reprimido que, ao atravessar a fronteira, se aloca no estranho, na loucura ou na criação. A pulsão no estrangeiro é desenfreada, não acha mais o freio dos interditos ou das sublimações anteriores, mas ataca ferozmente. Eros transpõe o limite de Tânatos, o que na criação literária é fácil de constatar.

O estranho, ou o estrangeiro, não é mais nem uma raça, nem uma nação. Ele existe em cada um, à medida que se é freqüentemente estranho a si mesmo, estando-se moral e psicologicamente dividido. Seria aquilo que já foi familiar, e que se manifesta sob certas condições, com toda a certeza. Estaria associado às noções de angústia, do duplo, da repetição e do inconsciente, todas elas, por sua vez, intrinsecamente relacionadas. O duplo seria, pois, uma das manifestações desse estranhamento inquietante, que não raro se define nos limites entre a imaginação e a realidade.

Segundo a visão contemporânea de Kristeva, para lidar com o estranho, temos que: "(...) inquietar ou sorrir, essa é a escolha quando o estranho nos assalta." Isto porém, dependerá do grau de familiaridade estabelecido com os nossos próprios fantasmas" (p. 34).

A linguagem demonstra o estranho, o estrangeiro no silêncio de suas pulsões; o não-dito transborda pelo personagem. É o estrangeiro que pode dizer e fazer toda a sorte de incongruências, sem que alguma repulsa apareça. Porque não pertence a nada, o estrangeiro; o estranho pode se sentir afiliado a tudo, a toda a tradição o que o leva a criar o "novo" e até o insensato. Portanto, pensamos que uma intensa viagem solitária – através da escrita pode produzir o caminho, a síntese inovadora de que são capazes os grandes sábios, os grandes artistas. Quando nada prende o gênio criador, como não se filia a nada – como o estrangeiro – isto o leva à destreza de inovar pela criação.

## Da pulsão de morte como potência criadora

A pulsão de morte, ao ser considerada como princípio disjuntivo, coloca em causa tudo o que existe, torna-se renovadora, produto de diferença e se constitui como potência criadora. Então a pulsão de morte recusa a permanência do "mesmo" como diz Garcia-Roza (1990):

> (...) na medida em que a pulsão de morte seja concebida como potência destrutiva, é que podemos pensá-la atuando disjuntivamente e impedindo a perpetuação de formas ou uniões constituídas por Eros (p. 134).

Assim também, Freud (1930) apresenta em *O mal-estar na cultura*: "...a inclinação agressiva é uma disposição pulsional autônoma, originária do ser humano" (p. 117). Há, então, uma pulsão de destruição como uma forma de exteriorização da pulsão de morte. Considerando-se que a psicanálise estabelece a relação do ser com a falta –falta de ser- e se esta falta se refaz por interferência da pulsão de morte, como princípio criador, temos que pensá-la, também, como princípio positivo na construção do sujeito. Afirma Freud (1938) que a pulsão de morte tem por meta *"desfazer nexos,"* desfazer *"os mesmos"* (p. 146). Tem um sentido destrutivo, mas é criadora ao produzir pontos, fragmentos de *"recomeços"* isto é, rupturas nas unificações cada vez maiores de Eros, fundamentando o movimento pulsional. É, portanto, a condição do desejo e a possibilidade de emergência de novas formas. Não é a repetição do mesmo, implica o *"novo"*, propicia o devir e a produção das diferenças.

Para Lacan (1988), ela é também *"vontade de criação"* (p. 259), vontade de vivência criadora, vontade de recomeçar com novos custos. Portanto, a pulsão de morte seria renovadora ao colocar tudo o que é conservador, que vem de Eros, desejoso de paz, atuando, impedindo a perpetuação de formas e uniões. É a afirmação da pulsão de morte como *princípio,* e não como uma *tendência,* que nos permite compreender a postulação de Lacan (1988) como *"vontade de destruir"*, para reconstruir do nada. A vontade de destruição que caracteriza a pulsão de morte é o que põe em causa tudo o que existe, o que impede a cristalização das formas constituídas, e que possibilita os novos começos. Isso indica também que a obra de arte está mais a serviço da pulsão de morte que de Eros, como afirma Kofman (1996):

> ...na medida em que seu prazer repousa essencialmente sobre uma economia do dispêndio, como "narcose "e como produto do narcisismo. Pois se o narcisismo é busca da imortalidade, só pode se satisfazer com a mímica da morte na vida (p. 149).

Nosso objetivo é valorizar as formas vivas da pulsão de morte como reconhecer sua existência na criação do artista, aquele que transforma o perigo interior de morte, ou de enlouquecer, no poder de fazer dele uma forma de vida com a reconstrução. É no artista, que as representações inconscientes da morte adquirem formas culturais organizadas. Para tanto, o criador, ao encontrar a força de matar suas antigas representações, corre o risco de não conseguir tomar suficiente distância em relação a uma *imago* materna toda poderosa, para chegar a compor a obra que ele pressente e a fazer uma criação mais livre.

Sabemos que muito freqüentemente a luta do artista por sua obra, nada mais é que a luta por sua vida. Pode-se compreender esta afirmação, ao perceber-se que a obra é produto de uma elaboração sintética, objeto acabado, completo, portanto potente, e representada, no inconsciente pelo *"fallus"*. Segundo Grunberger *(apud* M'uzan, 1977*)*, o "emblema e a imagem da integridade narcísica". Conforme afirma M'uzan (p. 9*)*: "...essa luta do artista na produção de sua obra é produto de fatores complexos, nos quais a nostalgia do paraíso narcísico perdido se aproxima das exigências discordantes das pulsões". Assim, encontramos ligação entre as produções literárias, às vezes grandes obras e as evoluções mórbidas orgânicas – doenças psicossomáticas, tanto dos personagens como dos autores. Como acrescenta M'uzan (1964):

> ...viver a escalada das pulsões destrutivas; depois renunciar à necessidade de destruir o objeto, esse programa, só pode ser realizado economicamente por uma encenação da situação que, projetando imagens e formas ligadas entre si numa ordem significativa, absorve, liga e integra as tensões, de maneira tal que o fantasma não é somente uma experiência passivamente sofrida, mas assume, até certo ponto, a eficácia de um ato (p. 7*)*.

Consideramos, também, *a pulsão anarquista*, como Zaltzman (1993). É compreendida como uma categoria da pulsão de morte, como o fluxo da pulsão de morte mais individualista, mais libertadora em relação às forças sociais. É quando a pulsão de morte trabalha contra as formas de vida estabelecidas, cristalizadas e contribui para renová-las. O movimento anarquista surge quando toda a força possível de vida desmorona, ele extrai sua força da pulsão de morte e a remete – enquanto destruição – contra ela, partindo daí o reconstruir. Seu objetivo é abrir uma saída vital, onde uma situação crítica fecha-se sobre um sujeito e o destina à morte. Ainda dentro das considerações de Zaltzman sobre a pulsão anarquista, temos a experiência-limite que a autora nos apresenta:

Na experiência-limite o sujeito encontra-se à beira de uma situação mental urgente que ele não pode atravessar ou afrontar sem prejuízo mortal. A experiência-limite se instaura num embargo à vida mental e física de um ser humano, que o expropria de um direito impessoal à vida, o priva de suas defesas e o expõe a uma possibilidade constante da morte (p. 62).

Assim, a cultura e, particularmente, a produção literária só é possível pela regressão e pela liberação do estranho que habita em nós, pela liberação das forças da morte que vão fragmentar as mesmices, seguindo o caminho da reunião dos fragmentos para reestruturar o futuro, mediante reconstruções e recriações.

## Referências bibliográficas

Freud, Sigmund (1907 [1906]). *Delírios e sonhos na Gradiva de Jensen.* Ed. Standard Brasileira, Rio de Janeiro, Imago, 1976, v. IX.

______ (1915). *O Inconsciente.* Ed. Standard Brasileira, Rio de Janeiro, Imago, 1976, v. XIV.

______ (1919). *O Estranho.* Ed. Standard Brasileira, Rio de Janeiro, Imago, 1976, v. XVII.

______ (1920). *Além do princípio do prazer.* Ed. Standard Brasileira, Rio de Janeiro, Imago, 1976, v. XVIII.

______ (1930). *O mal-estar na cultura.* Ed. Standard Brasileira, Rio de Janeiro, Imago, 1976, v. XXI.

______ (1933). *Novas conferências introdutórias à psicanálise.* Ed. Standard Brasileira, Rio de Janeiro, Imago, 1976, v. XXII.

______ (1940). *Esboço de psicanálise.* Ed. Standard Brasileira, Rio de Janeiro, Imago, 1976, v. XXIII.

FUKS, Betty (1997). YHVH, O Estrangeiro dos estrangeiros e a cena freudiana, In *Tempo Psicanalítico,* Rio de Janeiro, SPID, v. XXIX.

GARCIA-ROZA, Luiz Alfredo (1990). *O mal radical em Freud.* Rio de Janeiro, Jorge Zahar Ed.

KOFMAN, Sara (1996). *A infância da arte: uma interpretação.* S. Paulo, Ed. Escuta.

KRISTEVA, Julia. *Étranger á nous-mêmes.* Paris, Gallimard, 1988.

LACAN, Jaques. *O Seminário. Livro 7, A ética na psicanálise.* Rio de Janeiro, Zahar, 1988.

M'UZAN, Michel de (1964). *De l'art la mort.* Paris, Gallimard, 1997.

SALTZMAN, Nathalie. *A Pulsão Anarquista.* S. Paulo, Escuta, 1993.

# O COFRE DE EXTIMA

*Maruza Bastos de Oliveira*

> Quantos covardes há cujos corações são tão falsos quanto escadas de areia, que usam nos rostos barbas de um Hércules e de um Marte bravio! Só se adornam com essas excrescências do valor para se tornarem temíveis... Por isso, eu te repilo completamente, ouro, alimento de Midas... Porém, tu, fraco chumbo, que fazeis uma ameaça em lugar de uma promessa, tua palidez causa-me mais emoção do que a eloqüência... (Shakespeare, *O mercador de Veneza*).

O pequeno povoado de Extima havia se fixado, tempos atrás, ao longo das margens do rio. E serpenteava a mata, como querendo reproduzir os contornos e a sinuosidade do desenho natural do rio, cujas águas esverdeadas e cristalinas refletiam em sua superfície as folhagens da vegetação ribeirinha. O murmurar constante do rio, sonoridade musical das corredeiras que se formavam no trecho onde se situava Extima, favorecia a aura de esquecimento e indolência que dominava a paisagem daquela região. Como se fosse possível manter-se alheia à compressão da temporalidade histórica. Pois era essa sensação de anestesia e atemporalidade, o que encantava as pessoas de fora. Talvez por força dessa atmosfera, fosse solo fértil para a imaginação da gente que lá habitava.

Semeado entre duas forças naturais notáveis – rio e mata - de gêneros distintos, mas que se necessitam mutuamente, o povoado parecia ter se erguido para se interpor e abalar aquela comunhão ideal. Enquanto impunha sua cronologia temporal, fazendo emergir no seio daquela natureza o sentido da alteridade, produção mesma da cultura, não podia evitar ser afetado pela sensação de atemporalidade que cunhava a tipicidade da região.

A vida corria mansa em Extima, pelo menos na época da estiagem, quando a vila ficava livre da ameaça dos temporais, que transbordavam o rio e transtornavam a sua conhecida geografia. Mas o interesse que a beleza da região, de início despertava nos visitantes, tomava outro vulto quando se tinha contato com o estilo peculiar que os primeiros habitantes imprimiram no lugarejo.

Tudo começou com um grupo de anciãos que se reunia regularmente, às quartas-feiras, em longos serões noturnos para contar, uns aos outros, histórias verídicas ou inventadas que se compraziam em colecionar. Naquele tempo, eles não podiam imaginar outras viagens, senão as que realizavam através das histórias que narravam. Esses encontros, que se repetiam há incontáveis anos, foram se tornando cada vez mais conhecidos e apreciados. Tomaram força, ganharam o mundo, e se tornaram a tradição mais respeitada em Extima.

No princípio, era a escuta. Assim era a vida naquele lugar. O laço que existia entre eles se estreitava no deslizar das ondas sonoras entre aquele que relatava e os outros que o ouviam. O simples ato hospitaleiro da escuta, a disponibilidade para ouvir, era considerado um bem precioso. Por conta dessa lendária transmissão oral das histórias, muitos forasteiros procuravam o lugarejo em busca desse tipo de raridade, dessa riqueza que Extima podia oferecer. Foi quando os anciãos, vendo o interesse que suas histórias despertavam, começaram a acreditar cada vez mais na importância dos encontros que realizavam. Resolveram então escrever as histórias que contavam para deixá-las como legado aos seus descendentes. E, assim, a leitura das histórias fora também se tornando, ao longo dos anos, uma transmissão tão prazerosa e estimada entre eles.

Para coroar a prosperidade em que viviam, os cidadãos do povoado se reuniram e construíram uma sede, que foi plantada no topo da mais alta colina. E, por causa disso, fora batizada de Teatro da Colina. Apesar da pompa do nome, tratava-se de um prédio modesto, mas que oferecia uma vista privilegiada de toda a região. Não possuía mais que cinco cômodos: a secretaria, o salão nobre, a biblioteca, a cozinha e o banheiro. Contudo, como um templo, enobrecia a existência da gente do povoado. Era a acrópole de Extima. Acidália foi levada para cuidar de tudo: da limpeza, da contabilidade, do cofre e do cafezinho. Dizem que ela fora pega a laço ainda menina nas matas além Extima e, desde então, trabalhava na vila servindo aos anciãos, que a ela confiavam até seus contos inéditos.

Os anciãos se deliciavam com o sabor de suas histórias. Ficavam muito orgulhosos ao constatar que elas despertavam o interesse de um público que só crescia. Os ouvintes, tanto mais gostavam das histórias quanto mais se achavam nelas, porque iam ao encontro de si mesmos quando as ouviam. Acreditavam que as histórias, como uma chave, lhes desvelariam porções de mistérios: os seus e os da vida. Quanto maior o valor que o público atribuía às histórias, mais cheios de si os anciãos se sentiam. Verdade que existiam diferenças entre as histórias, de gênero e estilo, que dividiam o interesse dos extimenses, e povoavam suas mentes com o fervor que devotavam a essas pequenas diferenças. Suas histórias eram o seu reino; o seu mundo. Por isto era preciso defendê-las, armados com a robustez da paixão. Porque as histórias haviam se tornado para eles nada menos que o sentido da vida.

E, como nas histórias de cavalarias, fazer crescer o próprio reino implica algumas vezes a conquista de outros. Era preciso impedir que aventureiros, invasores, saqueadores pudessem ameaçar a integridade de cada domínio. Em meio ao jogo competitivo onde se media a estatura dos territórios, cada jogador precisava zelar pelo seu, mesmo que para isso fosse preciso atacar o do adversário. Com cautela, para não acender no outro a rivalidade ancestral que reside num recanto inexplorado da alma. Porque, como acontece com o rio, ela pode transbordar e revirar de ponta-cabeça até o mais cândido dos anciãos. Mas Extima encontrou o seu jeito de sobreviver aos rompantes acidentais dessa força indomável que vez por outra ainda a ameaça.

Com o correr dos anos, novas gerações foram surgindo, sempre marcadas pela transmissão da tradição essencial de Extima. O que não impediu que modificações fossem paulatinamente introduzidas nas tradições dos encontros. A todos parecia muito salutar o gosto pela discussão democrática que começaram a cultuar. Quase como uma evolução natural dos encontros em que narravam histórias, passaram a achar que era preciso tomar cuidados com as histórias que contavam. Afinal, era o principal legado que tinham para deixar ao futuro. Por isto se justificava que tudo fosse minuciosamente discutido, votado, acordado por todos.

Mas eis que a partir de um momento indeterminável, ninguém mais sabia dizer o que se tornara mais importante, se os encontros onde se relatavam histórias ou as reuniões onde tudo era objeto de discussão. Passou a ser vital controlar a qualidade de tudo que faziam. Daí começaram a desenvolver critérios rigorosos de como as histórias deveriam ser contadas e formas corretas de melhor ouvi-las.

A partir de então, era preciso que primeiro contassem suas histórias na reunião para o coletivo decidir se elas deveriam ser narradas e escritas. A premência em discutir os critérios passou a dominar a vida em Extima. Mesmo antigos e experientes narradores se pegavam, engalfinhando-se uns com os outros, em discussões acaloradas e improdutivas. Vez por outra acontecia um incidente, fruto da intolerância, e alguém ofendido se levantava e se ausentava. Para zelar pelo bem-estar, considerou-se fundamental instituir instrumentos de medida precisos, porque se queria evitar erros de escolha que se tornavam cada vez mais freqüentes, sobre quais histórias mereciam ser contadas. Mesmo sabendo da importância que todos devotavam a essas novas medidas, por vezes se ouviam comentários sobre como a vida em Extima se estreitava no entrevero das exaustivas discussões. Um quê de sua elegante e ingênua cordialidade, estranheza sua de outrora, se esvaía. Era possível reaver esse algo que se perdia? Seria isto parte de um processo irremediável? Ou por outra, dever-se-ia aceitar essa *evolução* como um tributo, exigência dos novos tempos? Todos viviam um pouco pressionados com a necessidade de mudar, não se sabia bem ao certo o que, como se Extima vivesse à beira da extinção.

Difundia-se cada vez mais entre eles a tese de que Extima precisava se atualizar, entrar de vez na temporalidade e integrar em sua vida as preocupações do resto do mundo. Premia adequar suas antigas histórias às novas modalidades de existir. Não que a tese fosse um consenso entre todos. Mas a questão permanecia ruminante. Será que Extima deveria manter a tradição de seus encontros, mesmo sabendo que *encontrar* não era mais a tônica dos tempos correntes? Alguns (é bem verdade que poucos) defendiam que Extima não tinha que se adequar à temporalidade, porque isto significaria alterar sua forma de ser, pois que a atmosfera atemporal, a sensação que flutuava no tempo, a aura de esquecimento, eram características da região em que se erguera. O que propiciava a ela o ar misterioso que a tornava singular aos olhos do mundo.

Anos e anos a fio, as reuniões mantinham o mesmo ritmo. Alguns temas sem solução por vezes retornavam. As mesmas questões que inquietavam iam e vinham. Outras também surgiam para colorir as reuniões. "Como podemos nos aparelhar para fazer avançar as discussões?" Era sobre isso que se perguntavam muitas vezes. Outras preocupações também tinham lugar. O rio e a mata, por exemplo, careciam de cuidados urgentes, porque o rio já não era mais tão cristalino e a mata diminuía a olhos vistos. Contudo, urgia pensar um sistema de reunião capaz de dar conta das velhas e insolúveis questões.

Ao cabo de infindáveis reuniões, surgiu uma idéia que foi seriamente considerada. O que precisavam era de um governo e de um modelo para ser seguido. Foi a partir do amadurecimento dessas duas questões - a forma de governo e o código de conduta - que se chegou à solução. Era preciso eleger um conselho, formado por cidadãos de notória reputação, que pudesse representar as diferenças de pensamento da sociedade extimense. Assim surgiu o governo de Extima, o Conselho Maior, ao qual caberia zelar pelo destino daquele povo, em conformidade com o Código Magno, instrumento ideal, cuja prima redação ficaria a cargo do próprio Conselho, uma vez constituído. Teve início uma época plena de expectativas que grande contentamento lhes proporcionava. Haviam avistado a luz no fim do túnel para os rumos de Extima.

O Teatro da Colina serviu de sede ao Conselho Maior, além de ser usado para quase tudo no povoado. Seu salão nobre se destacava pela qualidade dos eventos que ali se realizavam. Em primeiro lugar, era onde os conselheiros tomavam as decisões importantes. Reuniam-se no salão em torno da mesa ancestral que já há muito era usada pelos anciãos. Era no salão que os narradores se encontravam para compartilhar o simples prazer da leitura ou da conversa informal; era o lugar onde ouviam as histórias que cada um trazia para bem contá-las aos demais, onde engalanavam suas vitórias e mostravam a todos suas preciosas conquistas. O salão nobre se tornou a cátedra dos mestres, o anfiteatro dos ensaístas, o fórum dos revoltados. Uma passarela em que se exibia a beleza dos diferentes estilos. Cada canto seu exalava o odor um tanto embolorado dos saberes que eram ali derramados e perdidos anos após anos.

* * *

A reunião do Conselho Maior avançava noite adentro. Seguia arrastada por entre as delongas das prestações de contas, quando o assunto marginal se insurgiu. Somente os desavisados foram tomados de surpresa com a *novidade* que se anunciava: os *novos* queriam abrir o cofre. Fazia algum tempo essa história de *abrir o cofre* corria à boca pequena. Até que, nesse dia, o assunto veio à tona. Como seria agora possível contornar a evidência dessa questão?

Existia em Extima naqueles dias um grupo de jovens narradores sedentos por modificações. Eleonora, destemida, tomou a liderança do grupo. Já havia feito seu nome ao se revelar excelente narradora. Era uma mulher atraente, simpática, inteligente, que sabia atrair a atenção de todos com seu jeito de falar um tanto teatral. Tinha o dom da palavra. Era capaz de passar verdade mesmo na mais fantasiosa das histórias, tão segura se expressava. Revestia sua fala com tal fina camada de ironia, que coloria de provisória toda a verdade que dizia. Aspecto dramático que tornava reticentes suas histórias. Como se as sentenças fossem contaminadas com outra interpretação. Eleonora implicava com o aspecto antiquado do Teatro da Colina que não passava por uma reforma há muitos anos. Queria modernizá-lo. Essa era a sua bandeira e, com ela, angariava a simpatia de seus contemporâneos.

Naquela noite, Eleonora apegava sua fala a um ponto: o cofre. Falava alto e em bom tom sobre sua intenção de abri-lo, e se justificava dizendo que não era somente sua vontade que defendia, mas de todo o grupo que liderava. Expressava-se, aguerrida: "Que importância pode haver abrir-se um cofre? Cofres são abertos todos os dias. Centenas deles..." Mas ela mesma sabia que esta não era uma ação corriqueira porque o cofre se mantivera fechado por sessenta anos. Este, pelo menos, era o tempo que alguns estimavam.

"_ Por que o cofre ficou fechado durante tanto tempo?" Insistia Eleonora em sua impertinência. "Sessenta anos? Que marco estabelece essa contagem? Não poderia ter sido mais ou menos anos? Esse tempo foi arbitrado, ou alguém aqui sabe dizer o tempo preciso que o cofre está fechado? Sabem o que isto significa? Significa que por vinte e um mil e novecentos dias ninguém sentiu necessidade de mexer no cofre; que durante quinhentas e vinte e cinco mil e seiscentas horas ele permanece intocado".

Ninguém sabia dizer ao certo o tempo que o cofre estava fechado. Talvez tenha sido a imprecisão dessa estimativa que o tenha convertido em um tempo incomensurável. Medida desmedida que ainda mais despertava o interesse dos *novos* sobre o que se guardava tão bem guardado no interior daquela caixa forte. O cofre fechado mantinha acesa a chama da curiosidade, representava a possibilidade de novas descobertas, vivificava a esperança de que perguntas ancestrais pudessem um dia ser respondidas. Talvez por isto, quando eles se reuniam se perguntavam sobre o que os antigos teriam deixado intocado no cofre. Perguntas sem resposta eram lançadas como quimeras ao acaso. Nem se sabia ao certo se elas precisavam mesmo ser respondidas. Talvez fosse melhor preservar o cofre fechado. Alguns comentavam como era perigoso falar sobre ele. Era compreensível que temessem evocá-lo. Uma vez aberto, o cofre manteria o mesmo vigor desse estigma? Por conta desse tabu, era pôr-se em risco se aproximar do assunto. Mas, que riscos um velho cofre como aquele poderia encerrar? A vida não envolve riscos? O cofre seria tal como a vida. A vida que pulsa no íntimo do cofre. No seu coração, o segredo da vida. Para que desvendar os mistérios da vida?

Pelo menos na reunião daquela noite, malgrado os esforços de Eleonora, não havia disposição para fazer do cofre um alvo. Era uma discussão fora de lugar que não fazia parte da pauta. Estava claro que Eleonora precipitara algo indesejado. Quando o assunto veio à baila naquele momento, emergiu como uma queixa. Uma "chatura" que arde como um calo. Quem dá atenção à dor de um calo? Sequer é uma dor respeitável ou fatal que ponha em risco o continuar das coisas. A falta de movimento da reunião se justificava. Não havia argumentos favoráveis ou desfavoráveis, nem expressões de surpresa ou de indignação para condecorar o assunto. Nada foi dito. E isso, esse naco de nada, temperou o ambiente. Foi quando algo escapou de um canto da sala, partindo de alguém que, num fio de voz, disse: "Que inércia!" Essa súbita expressão ecoou no silêncio daquele instante. E envergonhou-se de sua existência incontida, como se não devesse ter outro lugar, senão no fundo do pensamento. A que situação se referia a expressão que se desprendia inesperadamente quase como um soluço? Diria respeito ao fato do cofre estar fechado durante sessenta anos ou ao fato do tema não suscitar interesse? No corpo daquele assunto havia um quê de ridículo e dramático que se entrelaçava. Porque o cofre, sua existência indubitável (uma caixa metálica com cerca de 80 centímetros de altura por 60 de profundidade), não tinha como ser ignorado.

Para liberar os presentes do incômodo que o assunto gerou, o Conselho se apressou em deliberar uma data para que se realizassem, com liberdade, discussões sobre a abertura, ou não, do cofre.

* * *

Era um velho cofre, verde e desbotado, que apesar de não ser pequeno, não chamava a atenção para si. Talvez porque a função que lhe coube desempenhar nos últimos tempos não fosse assim tão nobre. Será que lhe cabia alguma função? Devia ter sido útil um dia. Mas esse valor fora completamente abandonado. O destino dos cofres é restar recluso, obscuro, longe dos olhares indiscretos ou invasivos. Nunca diante de todos. Mas este cofre de que estamos tratando, ele tivera outro fim. Ganhou um lugar na cozinha. Apesar de sua evidente aparência de cofre, ele restava, ali, promiscuamente diante de todos. Não havia outro lugar para ele, era o que se dizia. O primeiro desvio que se podia então atribuir a ele era em relação ao lugar natural que cabe aos cofres ocupar. Ele se postava como um armário comum, embora sequer fosse usado como móvel para guardar quinquilharias, abaixo do pequeno fogão, separado deste por uma pedra que, como uma barra, se antepunha entre ele e a chama que às vezes emanava do velho fogão.

A cozinha onde restava inútil o cofre tinha um justo espaço que dava para acolher uma única pessoa. E como esse alguém se sentia bem recebido! Senhor absoluto daquela intimidade materna. Ela ficava lá disponível até que um necessitado lhe procurasse para suprir carências de última hora, caso precisasse de um breve afago, como um copinho de água que sacia a sede. Quando um grupinho sorrateiro bandeava para lá atraído pelo cheiro familiar do cafezinho, era no cantinho exterior a ela que se aninhava, porque ela não podia acolher a todos a um só tempo.

Tudo na cozinha evocava outros tempos. Restavam sobre sua bancada os inestimáveis acessórios que aqueciam as discussões: o bule amassado, o coador de pano enegrecido, as pequeninas xícaras, os copos de geléia e o filtro de barro. Heranças do tempo em que os anciãos ainda se iniciavam na arte de narrar histórias. Pois era nesse pequenino cantinho do café, em meio aos cochichos, que fora colocado o cofre. Desfigurado pelo desvio que esse lugar lhe impunha, prezava por sua dignidade de cofre mantendo-se mudo e fechado. Qual seria a função de um cofre senão guardar, em segredo, o que se espera preservar, sustentando numa austera ausência, as moedas, as jóias valiosas, os objetos e os documentos mais cobiçados?

O que aquele cofre preservava ninguém mais sabia, nem mesmo Acidália, a ama índia, que cuidava dos bens que os narradores acumularam ao longo do tempo. Envelhecendo junto à velha ama que nele mexia, o cofre trancou-se vingativamente em seu segredo. Como que adquirira autonomia, e fizera para si outro segredo que só a ele pertencia. Sua existência muda quedava invisível, e sua presença apagada era cada vez mais risível. Como se podia creditar valor a um cofre de cozinha? Ele permanecia presente, ausente em sua quase inexistência, bem abaixo do nariz de todos.

* * *

O grupo dos *novos* estava inquieto. Seus integrantes queriam influenciar a decisão da reunião que ficava mais próxima a cada dia. O cofre não era mais um assunto restrito ao "bochicho" no cantinho do café. Falava-se dele agora em qualquer oportunidade. De modo que quando chegou o dia da esperada reunião, as opiniões estavam divididas entre aqueles que queriam a abertura do cofre e os que eram contra.

Camilo ficou encarregado da direção dos trabalhos. Ele não se enquadrava entre os *novos* nem era dos mais antigos. Como era um narrador meticuloso e educado, a decisão de dar-lhe a coordenação pareceu a todos a mais acertada. Ninguém era capaz de dizer o que estava por vir. Poderia ser uma rápida decisão, ou, alongar-se noite afora. Camilo encontrou dificuldade para iniciar. Havia comparecido um bom número de pessoas, acima do esperado. O ambiente estava agitado. Todos se movimentavam e conversavam, ruidosamente. Enfim, ele começou:

"_ Em nome do Conselho Maior agradeço a presença de todos. É, para nós, motivo de satisfação constatar o número expressivo de narradores e de pessoas da comunidade que aqui estão para participar e prestigiar a discussão desta noite. O que aumenta nossa responsabilidade e nos leva a refletir sobre a importância da decisão que nos espera. Como todos sabem, estamos aqui reunidos para decidir sobre a abertura do cofre. Por isto preparei algumas poucas palavras e prometo não me estender muito. Para iniciar, senhores, lanço a pergunta: o que é um cofre? Um cofre é um compartimento onde se armazenam coisas de valor e documentos. Em geral, o colocamos atrás de um quadro, um espelho ou dentro de um armário. Nosso cofre no entanto é diferente. Ele nunca cumpriu tais condições. Tem estado na cozinha há dezenas de anos. E sequer conseguimos dizer em que outros lugares ele poderia ter estado antes. O que guarda nosso cofre? Esta é a nossa questão. Ela tem gerado muitos comentários maliciosos na vila. Mas para surpresa daqueles que imaginam que o Conselho não quer revelar o que tem guardado no cofre, eu posso afirmar que o que há no cofre não é do conhecimento de ninguém, nem mesmo dos integrantes do Conselho. Simplesmente porque o segredo do cofre não serve mais para abri-lo. Reconhecemos que esta situação não é de agora. Porque tentamos abri-lo por diversas vezes sem nunca ter obtido sucesso. Para desfazer a mística criada em torno dele: de que o Conselho guarda secretamente no cofre algo que não quer ou não pode compartilhar, vou revelar-lhes o segredo do cofre, pelo menos aquele que acreditamos ser seu segredo. E desafio qualquer um que quiser tentar abri-lo aqui e agora. O segredo é o seguinte: girar algumas voltas para a direita, livrando a roda do segredo até senti-la solta. Parar no 25, girar para a esquerda, dando uma volta completa, passando pelo 25 e parando no 34. Girar devagar para a direita e parar no 18. Abrir a chave e soltar a alavanca". Terminou, provocativo, dizendo: "Então, alguém se oferece para tentar abri-lo?" Camilo esperou ainda alguns instantes em silêncio. Na sala não se ouvia nem um pequenino zumbido. Finalmente iniciou o debate. "Vou passar a palavra agora aos que desejam se pronunciar a respeito do assunto em pauta",

Laurindo foi o primeiro a se manifestar. "Não há nada de importante no cofre. Com certeza apenas um punhado de moedas velhas, se tanto, que não valem mais um tostão". Tratava-se de um antigo narrador, que conhecia bem como funcionavam aqueles encontros. Podia-se notar que se colocava como representante dos que eram contra a abertura do cofre. Imediatamente após sua fala, a sala foi bombardeada por conversinhas ao pé do ouvido: "O que ele disse não esclarece nada, tem coisa aí que ele não quer dizer". "Está na cara que desconversa". "Isso é típico dele, dizer que o assunto é irrelevante". "Ele tem razão, a gente perde muito tempo com essa bobagem".

Laurindo fez menção de voltar a falar. Em seguida a uma rápida pausa para imprimir um tom mais grave a sua fala, disse: "Eleonora tem feito um trabalho admirável aqui, mas é inexperiente. Não conhece as velhas histórias do mundo. Seria inconseqüente nos deixarmos levar pelo que ela quer. Acaso não nos recordamos da história de Pandora e dos transtornos que seu ato provocou à vida no início dos tempos? Vou relembrar-lhes a história da caixa de Pandora, caso a tenham esquecido".

Ele tinha especial apego à mitologia. Conhecia os mitos como poucos. Considerava-se um estudioso do assunto, e de fato o era. Gostava da atemporalidade dos mitos. Seu olhar se perdia no passado em busca da explicação que não encontrava no presente para entender o futuro. Era o caráter universal das coisas que na verdade buscava, e tinha sempre na manga uma história mítica para contar. Quanto a isto nunca estava desprevenido. Era previsível que trouxesse um mito para reinar no centro da discussão. Iniciou seu relato, enquanto todos se remexiam em seus lugares em busca de uma posição mais confortável.

"_ Pandora, a detentora de todos os dons, foi a primeira mulher que existiu. Eis a origem desta palavra composta por: *pan* que traduzo por todo e *doron* que significa dom. Zeus ordenou a Hefesto, deus das artes, que modelasse uma mulher semelhante às deusas imortais. Hefesto criou então uma belíssima estátua de pedra, clara como a neve. Com um sopro, Atena animou-a com vida e ensinou-lhe a arte da tecelagem, e os outros deuses dotaram-na de todos os encantos. Afrodite deu-lhe a beleza, o desejo indomável que atormenta os sentidos e encantos que são fatais para os homens. Hermes deu-lhe a fala graciosa e encheu seu coração de artimanhas, ardis e astúcia. A história de Pandora nos remete à origem dos tempos, quando a terra, a água e o ar eram um só, e os deuses ainda não haviam interferido para separá-los. Antes que o céu e a terra fossem criados, tudo era Um, o Caos. Coube a Prometeu (aquele que prevê) e seu irmão Epimeteu (aquele que pensa depois, ou tardiamente) povoar a terra. Ambos foram poupados da prisão por não terem lutado contra os deuses nas disputas por territórios. Descendiam da primeira geração dos gigantes destronados por Zeus, os Titãs. Prometeu sabia que nas entranhas da terra dormiam sementes dos céus. Assim, pegou em suas mãos um punhado de terra, molhou-a no rio e obteve argila. Moldou-a carinhosamente até discernir uma imagem que fosse semelhante aos deuses. Assim deu forma ao homem, dotando-o com características boas e más retiradas das almas dos animais que já haviam sido criados por Epimeteu. Atena, deusa da sabedoria, ao ver a imagem semi-animada criada por Prometeu, admirou-a, e insuflou-lhe um espírito, humanizando-a. Mas esse homem humanizado, saído das mãos de Prometeu, ainda assim estava nu, vulnerável, indefeso, sem recursos. Sabedor das carências do homem, Zeus aproveitou-se disso. Voltou-se para a humanidade exigindo honras e sacrifícios em troca de proteção, instigando desconfianças e disputas entre eles. O que fez com que Prometeu intercedesse como advogado em favor das criaturas que havia criado. Ocorreu-lhe a idéia de pôr à prova o poder divino. Sacrificou um touro e dividiu-o em duas partes. Disse em seguida aos deuses que escolhessem uma parte e a outra caberia aos homens. Mas antes, colocou em um dos montes somente ossos, cobrindo-o com sebo, fazendo-o parecer maior que o outro, onde estava a carne e a pele do touro. Zeus escolheu o monte maior e ao descobrir que fora enganado, vingou-se recusando aos homens o fogo que poderia mantê-los vivos. Privou assim o homem de possuir luz na alma. Sentindo pena dos homens, Prometeu ensinou-lhes a enfrentar a vida diária e a cuidar de suas feridas. Para tanto, roubou uma centelha do fogo celeste e a trouxe à terra. Ao ver o brilho celestial que emanava da terra, Zeus, irado, arquitetou um plano de malefícios. Ordenou a Hefesto que criasse Pandora e a enviasse de presente a Epimeteu, a quem Prometeu havia avisado que não aceitasse nenhum presente dos deuses. Mas encantado com a beleza de Pandora, Epimeteu esqueceu as recomendações do irmão e a aceitou. Só compreendeu o que aconteceu, mais tarde, quando o infortúnio o atingiu. Pandora chegou a terra trazendo em seus braços um grande vaso fechado como presente de casamento a Epimeteu. Ela abre o vaso diante dele, e de dentro, como uma nuvem negra, escapam todas as maldiçoes e pragas. Desgraças que até hoje atormentam a humanidade. Pandora se apressa em fechar a ânfora que, entretanto, já se encontrava vazia. Com exceção da esperança que permaneceu presa junto à borda do vaso. Deste mito nos ficou a expressão *caixa de Pandora* que se usa em sentido figurado quando se quer dizer que alguma coisa, sob uma aparência inocente ou bela, é uma fonte de calamidades".

Com o mito da *caixa de Pandora*, Laurindo queria alertar sobre perigos que rondavam o ato de abrir o cofre. Acaso ele achava que a vila corria riscos com a abertura do cofre?

"_ Isso não é digno de ser levado a sério. Não acredito que ainda hoje existam pessoas que creditem valor a essas invencionices primitivas" - disse Eleonora, bruscamente.

"_ Eu invejo seu entusiasmo. Verdade. Quando digo isso, refiro-me ao sentido grego da palavra, que quer dizer *sopro divino*. O entusiasmado vive a exaltação extrema da inspiração divina; traz um deus dentro de si. Você é uma ótima narradora, disso ninguém duvida. Mas tem ainda muito que aprender" - retrucou Laurindo.

"_ Apenas sigo o meu caminho de filha da narração. Sim. Fiel aprendiz de meu destino. Mas não sou escudeira das tradições" - disse Eleonora, orgulhosa.

"_ A verdade do mito segue a lógica do inconsciente. Todo mito encerra uma intuição compreensiva que não requer provas para ser aceita" - interveio Inácio, outro respeitado narrador. Toda vez que tinha oportunidade, Inácio introduzia nos debates conceitos psicanalíticos que devorava em livros especializados. Interessava-o as particularidades que cada situação apresentava e costumava dizer que queria entender o que movia os homens.

"_ Não acham que o vaso de Pandora se assemelha ao psiquismo humano? Pandora, uma semideusa, ambiciona se realizar como mulher de Zeus, tornando-se uma deusa. Deseja realizar-se na plenitude do Olimpo. Eu a imagino como símbolo da pura pulsão que também anseia pela realização através de sua descarga. A esperança é o resto que sobra da eclosão pulsional. Ela permanece presa à borda do vaso, como o representante da pulsão se mantém no limiar do psiquismo. No cofre, na caixa ou, se preferirem, no inconsciente, residem forças pulsionais que ameaçam o eu, simbolizado no mito pelo simples e mortal homem. Quando a caixa é inesperadamente aberta por Pandora - por forças pulsionais irreprimíveis - os malefícios dominam a vida do homem. Os malefícios representam o desprazer que o eu se esforça por evitar, muitas vezes inutilmente, mantendo-se no fogo cruzado da pressão do conflito que está além de seu entendimento. No mito, o homem age movido por forças que o transcendem, desígnios dos deuses. Teme que sua ação possa provocar a ira dos deuses que, a rigor, se vingam impiedosamente. No psiquismo, o eu também teme as represálias do terrível pai, forma que algumas vezes assume o vigoroso supereu. O recalque é tal como a força que mantém bem fechada a tampa da caixa. Funciona como uma barra que assegura ao eu limites que o mantém distante da ameaça da descarga pulsional, evitando assim o desprazer. Não estou seguro se todos vocês têm noção do que seja o recalque. Vou apenas lhes dizer que se trata de um conceito tão importante, que chega a ser considerado por muitos o pilar sobre o qual se sustenta toda a construção da psicanálise. Para início de conversa, o recalque constitui o núcleo original do inconsciente. Este conceito vocês não podem dizer que desconhecem. Porque já falei sobre isso muitas e muitas vezes. O inconsciente, como um saber que não se sabe, remete-nos à idéia de um lugar desconhecido, à outra cena, como acontece na história de *Alice no país das maravilhas*. Pois bem, o recalque designa o ato de fazer recuar alguma coisa, como uma repulsa em admitir algum aspecto penoso da realidade. Por isto diz respeito ao processo de manter no inconsciente tanto idéias quanto representações ligadas às pulsões, cuja realização pode afetar o equilíbrio do funcionamento psíquico. Podemos falar em recalque quando, por exemplo, uma história vivida, uma situação, um pensamento ou algo imaginado não encontra tradução, quer dizer, não pode ser expresso em palavras, e se mantém inacessível, porquanto sua tradução produziria desprazer. Como se o desprazer perturbasse o pensamento e, com isso, emperrasse o processo da tradução" - falou Inácio.

"_ A caixa de Pandora significa que uma ação pequena e bem-intencionada pode liberar uma avalanche de repercussões negativas. A linguagem mitológica, com todos os seus paradoxos, nasce da necessidade de se conhecer mais. Lembro aos amigos que na narração mitológica, os significados são muito ampliados e sua redução explicativa pode destruir a compreensão holística do mito. O bom ouvinte é aquele que entra na narrativa sem preconceitos e sem a racionalidade das teorias, para acompanhar o que a história tenta criar". Disse Laurindo, dirigindo rápidos olhares a Eleonora e a Inácio. Laurindo mantinha intacta sua crença no mito. Achava que a transcendência temporal dessas histórias resguardava em si o aspecto de universalidade que era a essência da atemporalidade que tanto prezava.

Enquanto isso, nas conversinhas, as dúvidas apareciam e, dissonantes, se multiplicavam: "Não acha que ele está querendo nos amedrontar, impedir que a gente abra o cofre?". "Não sei não, o cofre fechado pode ser um sinal... merece respeito". "Se o cofre está fechado durante tanto tempo e ninguém sabe dizer por que isso se deu, é a hora de sabermos o que tem nele".

"_ Pandora destampa a ânfora e a civilização inicia uma era de mazelas sem fim. Esse traumático retorno pulsional atinge frontalmente o homem, formatando, seus traumas, sua vida psíquica. Males de diversas ordens aguardam pelo homem no mundo. Em todos os tempos sempre foi assim. Este é o enredo desta história que pode nos ajudar a refletir sobre as mazelas e os traumas dos novos tempos. Se não sofremos mais a ação compressora da severidade normativa, monstro neurotizante da época vitoriana, nem por isso deixamos de fabricar loucuras, neuroses. Estudiosos da cultura nos ajudam a enumerar algumas mazelas, essência dos traumas psíquicos de nossa época. Dentre as mais discutidas estão: a falta de referência, o descrédito na autoridade, o enfraquecimento dos laços comunais, a morte do pai, a crise ética da cultura, a ausência de limites no plano político. Muitos acreditam que elas são efeitos da liberalização excessiva que reina no mundo atual. Isso nos preocupa. Que é feito do homem sem ideais para cultuar? Os ideais são as fronteiras da humanidade do homem – alicerces morais de seu eu. Ideais são as barreiras construtoras da vida coletiva. Sem ideais, o que resta ao homem senão se transformar num joguete nas mãos de suas filhas, deusas de nosso tempo - a ciência e a tecnologia? Estas, suas crias, são indiferentes ao homem. Não lhes importa as crueldades que o homem perpetua no mundo, tampouco lhes sensibiliza, se no caminho árido e escuro que precisa trilhar, ele não se encontra feliz. Fazem do homem um ser alienígena de si; escravo do Outro devorador. Estar aprisionado no tempo presente, sem passado para reverenciar, à espera de um futuro cada vez mais incerto, isto é o que queremos para nossos filhos e netos?" Disse Camilo, com sua voz encorpada.

"_ Todos esses problemas sempre existiram. E retornam de tempos em tempos para nos assombrar. São produtos dos excessos. Não só de liberdade, mas também do excesso de falta de liberdade. O marketing usado pelo discurso nazista se baseou na necessidade de conter a onda de liberdade que dominava o mundo das idéias e dos costumes. O que foi a estética e a higienização que propagou, senão formas ideais para produzir um novo mundo que atendesse ao homem ariano, o homem ideal? O plano de execução para varrer do planeta toda semente que pudesse aflorar qualquer diferença gerou o descrédito na autoridade nazista, que se queria absoluta, gerou a maior crise ética de todos os tempos e gerou total falta de limites no plano político. Isto era uma realidade no tempo em que Freud escreveu *O mal-estar na cultura*. Todos os sistemas totalitários conduziram a excessos que surtiram efeitos desastrosos. Efeitos semelhantes aos que hoje se atribui ao excesso de liberalidade" - argumentou Eleonora.

O destino do cofre momentaneamente se perdia. Percebendo o risco, Laurindo retornou ao assunto: "Nós não sabemos o que estamos fazendo quando remexemos desígnios que estão acima de nossos entendimentos. Por isto sou contra a abertura do cofre. Ele é nossa caixa de Pandora. Um cofre fechado vale mais do que um cofre aberto. O que é um cofre aberto senão um baú vazio. Sem fantasias. O que seria de nós sem as sementes que a imaginação pulveriza em nosso solo, fertilizando assim nosso árido dia-a-dia? O que seria do tesouro que acumulamos ao longo de toda nossa trajetória, tão repleto de preciosas histórias, as quais têm brilhado como estrelas, iluminando-nos com sua luz e aquecendo com sua chama as memoráveis noites de Extima?"

Abelardo queria falar. Acenava, ansioso, por uma oportunidade. Com sua voz doce e claudicante disse: "Acho... Não estou certo se vocês vão entender... Acho que o cofre é uma cápsula do tempo. Vocês sabem o que é uma cápsula do tempo, não? A cápsula do tempo é como a pedra fundamental que os faraós usavam para transmitir às gerações futuras a paternidade de suas obras. Em geral, cápsulas do tempo são recipientes metálicos, enterrados com objetos representativos de uma época para que gerações seguintes saibam como era a vida na época em que foram enterradas. Não acham que é uma forma de comunicação com o inusitado que mora no futuro? Pois eu acho que o nosso cofre é uma cápsula do tempo que ficou... não enterrada, mas esquecida na cozinha embaixo do fogão. Deve haver dentro dele uma mensagem reveladora! Vocês não ficam curiosos com o que pode haver dentro do cofre?"

"_ Eu também vou vibrar se encontrarmos dentro do cofre um precioso manuscrito ou o rascunho de uma revolucionária teoria". Falou Eleonora, com seu jeito irônico. "Ou um frasco contendo uma substância com poder de iluminar a verdade escondida na barafunda incognoscível do inconsciente", - disse Inácio. Abelardo se empolga: "Isso! Alguma coisa inovadora. Como... uma história inédita que poderá surpreender o povo de Extima. Por que não? Quem nos garante que não haja dentro dele uma revelação? Só não sei se este é o momento certo para abrirmos o cofre... Será que estamos preparados para a mensagem que ele contém? Será que não estaremos com este ato abortando a comunicação com o futuro? Talvez ainda não sejamos o futuro que os antigos esperavam e nossa missão seja preservar a cápsula do tempo tal como está para o tempo que ainda está por vir? Prefiro acreditar que o cofre é a nossa coisinha tão bonitinha que o papai passado nos encarregou de conservar".

_ "Os antigos costumavam dizer que o futuro a Deus pertence. O que significa que o futuro está muito além da competência dos homens. O homem sempre creditou às divindades o poder de falar sobre o futuro. Por esta razão criou oráculos, poços, cofres, vasos, arcas, sarcófagos para se proteger da ação corrosiva do tempo que tudo deteriora, e para encontrar a sonhada chave da imortalidade que se supõe perdida no futuro", disse Laurindo.

_ "Então você acha que somos apenas uma geração intermediária entre o passado e o futuro, e que a nós nada cabe fazer, senão preservar o passado?" Disse Eleonora a Abelardo, que perde a calma: "Não foi bem isso que eu disse. Você está distorcendo. É claro que a gente tem coisas a fazer. Mas o que somos senão o presente? E a nós cabe preservar a mensagem do passado destinada ao futuro. Esta é a missão ética do presente. O presente é a passagem, e nós, viventes deste tempo, os passadores". "Porque então o papai passado não nos deixou este aviso, ou esta mensagem fora do cofre, explicitando para nós quando ele queria que o cofre fosse aberto?" - retrucou Eleonora. "Se você insiste em saber, acho que este momento não é o tempo certo de abrir o cofre. E isto não é uma coisa que precisa estar determinada em decreto. É para ser intuída... sentida", respondeu Abelardo.

A discussão tomava rumos inesperados. Mais pareciam crianças que se desorientam em meio a disputas por brinquedos que narradores experientes. Camilo pediu um tempo: "Vocês estão dominando demais. Vamos parar com esse bate e volta. Outras pessoas também querem participar". Abelardo se dirige a todos: "Desculpe se eu não me contenho e insisto em falar, mas é que tive um sonho na noite passada... Eu preciso contá-lo a vocês". A platéia acena com um gesto de aceitação. Abelardo então contou o sonho:

"_ Sonhei que eu pegava alguns objetos, um bonequinho velho de madeira que meu avô tinha me dado, uma moeda tão grande como eu nunca vi outra igual, uns recortes de jornal, e outras coisas que não sei dizer o que eram. Eu fechei todas essas coisas dentro de uma lata, e tentava enterrá-la. Não sei bem dizer onde, acho que era o quintal dos meus pais... Depois, o que consigo lembrar é que eu estava agitado, e cavava a terra apressadamente com minhas próprias mãos, as unhas negras. Da terra, extraí um baú com uma porção de papéis velhos, amarelados. Peguei os papéis, eu tentava ler o que estava escrito. Não conseguia entender nada. Agoniado, olhava aqueles papéis como se fossem hieróglifos. Haviam partes apagadas. Páginas inteiras que a tinta estava esmaecida. Em outras, os trechos eram incompreensíveis, como se tivessem sido escritos em uma língua que eu não conhecia. Pedi ajuda a alguém, que não sei quem... parecia um professor, um especialista, não sei, para ver se ele conseguia traduzir. Ele falava alguma coisa que eu não conseguia ouvir, pois ao mesmo tempo havia uma música que tocava alto e encobria o que ele dizia. Eu desligava a música, e tudo voltava a se repetir. Ele falava, a música tocava; ou, o contrário, a música tocava, ele falava. Mas de repente tudo me pareceu claro como dia. Eu entendi o que ele queria me dizer. Só que não sei mais o que era. Esqueci. Porque, em meio ao desassossego e a excitação que sentia, acordei com a voz irritada de minha mulher que dizia: "Desliga de uma vez a porcaria desse relógio". "Aí" – continuou Abelardo – "eu entendi que a música que eu ouvia no sonho, e que me parecia tão melodiosa, era o som do alarme do relógio que disparava. Eu automaticamente o desligava, mas não conseguia desligar o mecanismo que acionava o alarme. E ele voltava a tocar, minutos depois, com maior insistência. Depois, no banho, comecei a lembrar do sonho e a pensar na reunião que a gente teria hoje à noite, na decisão que a gente precisava tomar. Talvez tenha ido dormir um pouco preocupado com isso. Mas para mim, o sonho trouxe a seguinte revelação: o cofre é uma cápsula do tempo. A nossa cápsula do tempo. Só que não adianta agora querermos conhecer seu conteúdo".

"_ O sonho de Abelardo me leva a pensar sobre a arte da decifração. Cada pessoa carrega consigo um cofre onde guarda e protege seus segredos. Só que algumas perdem a chave de acesso, ou esquecem o segredo. Não é fácil ter acesso ao que se quer fechado. A abertura do cofre é sempre uma ação muito delicada. O cofre fechado instiga. O cofre aberto revela o que se queria secreto e, nesse ato, esvazia todo o seu sentido", disse Inácio.

"_ Se pensarmos nas aventuras que os homens são capazes de se lançar em busca de um cofre fechado... Onde pode levá-los apenas a suposição de tesouros escondidos... O cofre fechado aguça a ambição e proclama os riscos das disputas sem fim; incita lutas fatais entre irmãos; justifica ou serve de pretexto para combates bíblicos sangrentos". O cofre fechado representava, para Eleonora, o que permanecia intocado e que precisava ser mexido, desmistificado. E completou sua fala dizendo: "Vocês não acham que é preciso acabar de vez com as velharias e com as superstições que nos rondam? O cofre está oxidado. Vocês não vêem que ele se degenera a cada dia?"

Seria possível, em um encontro, desatar o novelo das disparidades? O destino do cofre pendia suspenso. O tempo entrava em agonia como o cofre que se paralisara, como que incorporando em seu corpo metálico a atemporalidade da paisagem que cercava a vila. O cofre era o que estancara. E mostrava a todos o feitiço do tempo: o processo de tornar-se aquilo que não se é, perpetuando a repetição e, assim, a agonia que petrifica e sustenta a paralisia.

Muita água rolou ainda naquela noite. Não se chegava a nenhuma conclusão. Até que uma voz soou macia, trazendo como oferenda outra possibilidade ainda não pensada. Talvez agora fosse a hora de desfazer o impasse. A voz era de Margarida, a responsável pela biblioteca. Ela, em geral, se mantinha calada nas reuniões. Mas nessa noite ela falou. Estava um tanto aflita com a inevitável exposição pública que o ato de falar exige: "Acho que Eleonora tem toda razão. Contudo não sabemos o que está guardado no cofre. Cada um tem uma idéia diferente. Nós já avançamos muito no tempo. Então acho que por isto ou por aquilo é melhor mantermos o cofre fechado. Lembram do sótão? Por que não colocamos o cofre fechado lá, enquanto não temos certeza de que queremos abri-lo".

_ "Como ninguém lembrou antes? O sótão. Sim, Margarida apresentou uma saída que merece ser considerada", disse Laurindo. E, brincando completou: "Não é à toa que você se dedica à biblioteca. Sabe que a palavra biblioteca apareceu na Grécia com o significado de cofre dos livros?"

Eles se lembraram de um lugar inexplorado no Teatro da Colina que também quedava esquecido. Na verdade, nem chegava a ser um sótão. Havia no teto da biblioteca um disfarçado alçapão que dava acesso a um espaço morto, um cômodo tão diminuto, mas repleto de coisas velhas: latas de tinta, pedaços de madeira, resquícios da construção do Teatro. Ele fora mesmo pensado como um quartinho para guardar entulhos, velharias. Por que o cofre não poderia ficar ali recluso, em sua recusa de abrir-se, preservando nessa nova clausura, seus segredos? Sairia da cozinha, da vista de todos, e abriria espaço para a modernização que os *novos* tanto queriam.

Diante dessa descoberta, a abertura do cofre foi adiada. Naquela noite se resolveu seu destino. Ninguém podia garantir se a hora de abri-lo havia chegado... O cofre foi tirado da cozinha e levado para o pequenino sótão, onde permaneceu por um tempo indefinido. Até que um dia, ele e o sótão foram novamente esquecidos. E o cofre se tornou a cápsula do tempo de Extima.

Quando Extima estiver também completamente esquecida e o Teatro da Colina não for mais que uma ruína, vestígios de lugar nenhum, por entre matos que se alastram e dominam o teatro, o cofre-cápsula ainda sobreviverá fechado, intocado, em meio a restos de cimento e pedra, a céu aberto. Um dia ele será encontrado, solto e flutuante no inapreensível tempo, e será resgatado por curiosos visitantes que o arrombarão, desvendando à força seus segredos, na esperança de encontrar evidências históricas que possam contar-lhes sobre a forma de viver dos antigos habitantes daquele remoto e estranho lugarejo.

# Trata-se de ficção

*Solange Jouvin*

> O que se cria então é um devaneio ou fantasia, que encerra traços de sua origem a partir da ocasião que o provocou e a partir da lembrança. Dessa forma o passado, o presente e o futuro são entrelaçados pelo fio do desejo que os une. (Freud, *Escritores criativos e devaneio.).*

A proposta deste trabalho, para o qual dou o título de "Trata-se de ficção", surge a partir de uma idéia sobre práticas paralelas que têm, como material comum a palavra. A palavra, que emerge em diferentes contextos diz respeito ao mesmo domínio, o da subjetividade. A literatura e a psicanálise dizem respeito à subjetividade, se utilizam da palavra, mas pertencem a campos distintos de atuação. Duas práticas paralelas que, talvez, se encontrem em algum ponto do infinito. Esta proposta ganha corpo quando encontro, no texto de Freud (1908 [1907]) a formulação entre "o brincar infantil" e "a fantasia" (p. 150). A fantasia como a possibilidade de elaboração das questões da subjetividade,tanto na literatura quanto na psicanálise, se apresenta através da ficção, no *ad infinitum* das interpretações. Se trago, em brasa incandescente, o significante ficção, é para abrir caminho à minha singularidade, não só de postulante da psicanálise, como também de ficcionista.

No texto, por mim privilegiado, encontro uma indagação que me lança no movimento seguinte, pois suscita uma reflexão sobre as emoções e os sentimentos que a narrativa produz. Uma indagação que irrompe surpreendente, como um corte. À surpresa do corte, acrescenta-se o encantamento. Encantada pela obra e pela personalidade de um autor que retrata a realidade material do submundo da minha cidade, o Rio de Janeiro, onde, para ele, ainda há a possibilidade de romance e esperança, reverencio e agradeço com este texto.

Minha reverência se estende a Freud, que ao pretender tornar ciência a psicanálise, devido às circunstâncias históricas, foi surpreendido por um estranhamento presentificado na palavra, pura expressão do inconsciente.

## Primeiro movimento:

Por um acaso, desses abençoados pelos deuses, eu conheço o autor do texto que pretendo explorar. Falo do mestre que me inspira nessa arriscada tarefa que ouso empreender. Conheço-o, assim, de me aproximar sem receio quando quero, mas com medida, é claro. Ele sempre me recebe sorridente, elegante nas mesuras, sedutor até. Vez por outra nos presenteamos com livros. Ele me instrui e eu fantasio que lhe apresento novidades. Dia desses, surgiu-me uma idéia: – "Gostaria de tentar fazer uma articulação da literatura com a psicanálise me utilizando de um texto seu", disse eu, assim, quase num ímpeto. Enquanto falava, pensei no quanto estava sendo audaciosa, já que o mestre é reconhecidamente reservado e pouco afeito a exposições de qualquer espécie. Mas, nada, mostrou-se mais uma vez espontâneo, atencioso e generoso, respondendo que iria pensar sobre qual texto poderia ser mais apropriado aos meus propósitos. Logo depois, me indicou *Vastas emoções e pensamentos imperfeitos* (1988), argumentando que "esse título é parte de uma definição de sonho de Havelock Ellis, citado por Freud (1900) no *The interpretation of dreams;* meu Freud é todo em inglês: *"An archaic world of vast emotions and imperfect thoughts"*. Dei-me conta, então, da enorme responsabilidade que acabara de assumir. Li e reli o texto várias vezes. Ao final dessas leituras, fiz algumas anotações e montei um pequeno esquema, a partir de algumas articulações possíveis com a teoria psicanalítica.

O autor deste texto é Rubem Fonseca. José Rubem Fonseca, romancista, contista, roteirista de cinema, um vivo exemplo do que há de mais depurado e singular em matéria de estilo, desses que Freud nomeia "escritores criativos", desses que nos causam inveja. "Você não tem inveja dos escritores?" - pergunta o personagem Dietrich ao protagonista na página 131. Imediatamente, associei esta indagação ao texto de Freud, *Escritores criativos e devaneio* (1908 [1907]), que dá início ao que lhes proponho falar.

> Nós, leigos, sempre sentimos uma intensa curiosidade – (...) – em saber de que fontes esse estranho ser, o escritor criativo, retira seu material, e como consegue impressionar-nos com o mesmo e despertar-nos emoções das quais talvez nem nos julgássemos capazes (p. 149).

Freud faz referência a algo que escapa ao campo da psicanálise e marca o campo da criação artística. Essa "curiosidade" da qual Freud fala, esse desconhecimento que aponta para um improvável fechamento, ele mesmo, mais adiante neste mesmo texto, acrescenta: "Nosso interesse intensifica-se ainda mais pelo fato de que, ao ser interrogado, o escritor não nos oferece uma explicação, ou pelo menos nenhuma satisfatória" (p. 149). Contar histórias, fazer relatos, descrever situações vividas, transmitir idéias, não nos fazem artistas da palavra; essa é a diferença.

Quando Freud levanta a possibilidade de procurar, nas atividades lúdicas da infância os traços mais primitivos dessa atividade criadora que se manifesta na idade adulta, podemos perceber que ele fala de algo extraordinário, manifestado no artista, algo que acontece normalmente com todas as crianças mas que não corresponde, e nem responde, às indagações do mestre. O que a criança tem necessidade de experimentar é algo mais que uma simples brincadeira, porém, não se caracteriza como o oposto disso: "A antítese de brincar não é o que é sério, é o que é real" (p. 149). A elaboração necessária, por parte da criança, em relação ao mundo dos adultos, mesmo que impregnada de emoção e seriedade, nem sempre evoluirá no sentido de se constituir num dom artístico genuíno na idade adulta. Mais uma vez, caracteriza-se uma diferença, marca de uma excepcionalidade em relação a esse estranho saber dos escritores criativos.

Mais adiante, Freud acrescenta novas nuances à articulação proposta e diz que "o escritor criativo faz o mesmo que a criança que brinca" (p. 149). A oposição entre a realidade e o brincar, produz "uma separação nítida", como Freud diz, (p. 150) e acompanha a passagem da infância para a idade adulta, resultando numa invenção singular que ele chama de "fantasia". O escritor criativo produz com a fantasia o que Freud vem afirmar ser o equivalente ao "brincar infantil"; outra realidade talvez, uma realidade paralela àquela que ele nomeia de "realidade psíquica". Ao falar de ficção, posso – no exercício de ficcionista – pensar que essas paralelas, na busca de aproximação, se toquem no infinito, no mais além da narrativa, lá por onde se esvai a sublimação.

> Quando a criança cresce e pára de brincar, (...) pode refletir sobre a intensa seriedade com que realizava seus jogos na infância; (...) pode colocar-se certo dia numa situação mental em que mais uma vez desaparece essa oposição entre o brincar e a realidade (Freud, 1908, [1907], p. 150).

Nessas ocasiões, estabelece-se um conflito gerado por uma "aparente" renúncia ao prazer que o brincar proporciona o que leva Freud a dizer: "(...) o adulto envergonha-se de suas fantasias por serem infantis e proibidas" (p. 151). Como eventual conseqüência desse sentimento de "vergonha" - causado pela aparente renúncia às fantasias infantis e proibidas - o leitor é invadido por uma "curiosidade" em busca de saber por que o "escritor criativo" é capaz de conhecer o misterioso caminho que o leva à "fonte" onde jaz o material causador. Causador de curiosidade, estranhamento, impressões, emoções e, consequentemente, inveja, pois todos nós já estivemos lá, nessa "fonte", onde o brincar era permitido, mas perdemos o caminho para retornar quando quiséssemos, como o faz o "escritor criativo".

Rubem Fonseca, indiferente – como todo artista – a essa tal vergonha à qual Freud se refere, traz na fala de Dietrich a indagação provocadora: "Você não tem inveja dos escritores?" (p. 131). E, assim como o "escritor criativo" do texto freudiano, que não responde à indagação de Freud quando este lhe pergunta de que fonte ele retira seu material, o protagonista de Fonseca se cala. A importância da fantasia, seu valor de recobrimento e elaboração, já apareceu numa alusão anterior quando o personagem, Plessner, diz: "A obra é mais importante do que o homem." (p. 124), dando à fantasia um estatuto de elevada supremacia e, antecipando de certa maneira alguma compreensão necessária para que o leitor seja causado pelo desejo de ir mais além a sua "curiosidade."

Trata-se de ficção refere-se ao que aparece nas narrativas, tanto do analisando quanto do "escritor criativo". Refere-se à construção de uma história, a história de um desejo que insiste em aparecer, levando Freud a afirmar que para o homem é difícil abdicar de algo dessa natureza, pois se trata de

> um prazer que já experimentou (...). Na realidade, nunca renunciamos a nada; apenas trocamos uma coisa por outra. O que parece ser uma renúncia é, na verdade, a formação de um substituto ou sub-rogado" (Freud, 1908 [1907], p. 151).

Inicio pelo texto de Freud, articulando-o ao texto de Fonseca. A indagação de Freud sobre a "curiosidade" em relação aos "escritores criativos", enlaça-se à indagação sobre a "inveja", em Fonseca. Esse sentimento de "vergonha" que aparece no adulto, causado pelas fantasias infantis proibidas, que gera a "curiosidade", desperta em nós impressões e emoções "das quais talvez nem nos julgássemos capazes" (p. 149), tais como a inveja, por exemplo:

> O adulto, ao contrário (das crianças), envergonha-se de suas fantasias, escondendo-as das outras pessoas. Acalenta suas fantasias como seu bem mais íntimo, e em geral preferiria confessar suas faltas a confiar a outro suas fantasias" (Freud, 1908 [1907], p. 151 ).

Os "escritores criativos" são os que não abrem mão dessa capacidade de fantasiar, esse "bem mais íntimo" do qual Freud fala (p. 151). Mas, isso, os escritores só confessam através dos personagens, esses com os quais nos identificamos, Dietrich, personagem de Fonseca, diz:

> Para criar um livro eles (os escritores) gastam apenas papel e tempo, os personagens todos trabalham de graça, (...) Produzem as cenas mais

> custosas gastando apenas palavras. Matam, mutilam, fazem pessoas enlouquecer de paixão, arruinar-se ou ganhar o paraíso. (...) Houve época em que pensei em me tornar escritor, mas verifiquei que não era louco o suficiente para tanto. Acho que o sujeito que é escritor, em princípio, não é muito bom da cabeça (FONSECA, 1988, p. 131).

Essa relação entre o fantasiar e a loucura, aparece no dizer de Freud:

> Mas, indagarão os senhores, se as pessoas fazem tanto mistério a respeito de o seu fantasiar, como o conhecemos tão bem? É que existe uma classe de seres humanos a quem, não um deus, mas uma deusa severa – a Necessidade – delegou a tarefa de revelar aquilo de que sofrem e aquilo que lhes dá felicidade. (...) São as vítimas das doenças nervosas, obrigadas a revelar suas fantasias, entre outras coisas, ao médico por quem esperam ser curadas através de tratamento mental. É esta a nossa melhor fonte de conhecimento, e desde então sentimo-nos justificados em supor que os nossos pacientes nada nos revelam que não possamos também ouvir de pessoas saudáveis (Freud, 1908 [1907], p. 152).

## Sonhos, fantasias e devaneios

Como disse Freud, com muita propriedade: "A linguagem, com sua inigualável sabedoria, há muito lançou luz sobre a natureza básica do sonho, denominando de "devaneios" as etéreas criações da fantasia" (p. 154). Em Fonseca, os sonhos pontuam os acontecimentos e seus relatos abrem os dias como prólogos. O leitor é levado a compartilhar da intimidade do protagonista, confundindo as fantasias de ambos, verdadeiro propósito da sedução literária. Gostar de um autor é, de certa maneira, pretender conhecê-lo, supor que ele pode até estar criando só para nós. Algumas vezes, extraordinariamente, naqueles momentos em que estamos tão enlevados, absortos, envolvidos, amalgamados na obra, podemos ter essa sensação. Mas, o autor deve ter o dom de trazer-nos de volta à razão. Fonseca brinca com isso logo de início, na abertura do romance:

> Acordei tentando me segurar desesperadamente, tudo girava em torno de mim enquanto eu caía sem controle num abismo sem fundo. Pro-

> curei fixar minha visão na faixa de luz da madrugada que entrava por entre as cortinas. O risco leitoso tremia rapidamente. Mover a cabeça na direção da luminosidade da janela tornara minha queda ainda mais vertiginosa. Fiquei imóvel, o olhar fixo na linha de luz, esperando a crise passar (Fonseca, 1988, p. 7).

Fonseca encaminha essa passagem, fixando um eixo, um ponto, dirigindo nosso olhar como se estivéssemos detrás de uma câmera – não fosse ele um excelente roteirista. Esse foco é um centralizador inicial, marco zero, da queda "sem controle num abismo sem fundo" (p. 7), à percepção de algo que se dá na realidade: "faixa de luz da madrugada que entrava por entre as cortinas" (p. 7). Assim, Fonseca nos introduz na trama, "despertando" em nós a chama da fantasia, o gosto perdido pelos detalhes, atentando para uma realidade impregnada de sutilezas, faixas de luz, riscos leitosos, distrações infantis, descritas com a maior habilidade e sofisticação poética. Um "escritor criativo" contemporâneo que se utiliza de suas artimanhas de roteirista para nos ensinar a re-brincar com o olhar e com as palavras.

O poder do escritor jaz nesse despojamento entre a liberdade e o rigor das palavras, aconchego da criação literária. Freud, no recorte de texto acima mencionado, diz que o adulto sente vergonha, talvez por receio de ser censurado, criticado, rejeitado. O artista não teme a rejeição, aliás, ele nem pode pensar nisso. E, na medida em que vai se aventurando, já estamos implicados o suficiente para ocupar o lugar que nos foi destinado: companheiros de viagem. Parceiros da fantasia, abduzidos pela volatilização que a arte produz, experimentamos a sensação do absoluto e do infinito.

No romance de Fonseca, a narrativa vai sendo pontilhada por relatos de sonhos. A presença desses sonhos trazem, mais claramente, o que Fonseca articula da teoria freudiana:

> Houve uma época em que a minha relação com a ... as pessoas estava tão complicada que resolvi procurar um analista." (...) "Uma mulher, freudiana. Queria que lhe falasse da minha vida e eu só lhe falava dos

> meus sonhos." (...) "A analista precisava de outros dados a meu respeito, além dos sonhos" (...) "A tradução do sonho, para minha analista, dependia, em parte, dos produtos desta associação entre o sonho e a minha experiência, a minha realidade, que ela não conseguia obter, e em parte das circunstâncias em que eu lhe relatava o sonho, isto é, das minhas reações. Contudo, eu descrevia o sonho de maneira fria e lacônica, sem fazer comentários, não lhe permitindo as outras revelações que ela queria, impedindo que as coisas ocultas fossem inferidas, viessem à tona. Uma pessoa que sonha muito é um paciente teoricamente fácil de lidar. Eu porém não preenchia estas expectativas. Ela fazia perguntas e eu não respondia (Fonseca, 1988, p. 154).

Tal qual o "escritor criativo" que não responde ou responde de forma insatisfatória, à indagação de Freud sobre a fonte de seu material, o protagonista confessa sua recusa à analista. Certamente, não se construiu com a analista, mesmo que se trate de ficção literária, a transferência necessária para que a mesma fosse adiante, o que leva o protagonista de Fonseca a reconhecer:

> Durou pouco, evidentemente. Ela precisava de tempo. Larguei a análise, achando que a analista precisava mais de mim do que eu dela. Mas eu estava errado" (Fonseca, 1988, p. 154-5).

Fonseca não desconhece a relação entre os sonhos, as fantasias, os devaneios, a realidade e as dúvidas que produzem as "vastas emoções e os pensamentos imperfeitos". Também não desconhece a existência de um algo mais do qual não se pode falar. Isso aparece nessa resposta que o "escritor criativo" não pode dar a Freud e que o protagonista de Fonseca negou à sua analista. Mesmo confessando estar errado, preferiu calar-se. O desejo, às vezes, se cala. Quando se cala, produz outra coisa, muitas vezes, sintomas.

Mas de que "fonte" vem esse dom da criação que causa "curiosidade" e ao qual Freud se refere quando fala do mistério que produz a ficção? De onde vem?

> Sonho com uma mulher alta, que para me beijar tem que curvar o corpo. Mas não vejo mulher alguma, pois meus sonhos não têm imagens. Para um cineasta isso não deixa de ser estranho. (...) Sei que há essa mulher no sonho, (...) Sei que seus olhos são amarelos, é como se visse a mulher, porém não a vejo; nem ouço suas palavras, mas é como se as ouvisse. Eu possuo o saber, sem os sentidos, o conhecimento, sem percepções visuais. Meu sonho é feito de idéias (Fonseca, 1988, p. 8).

> Li inúmeros livros, consultei médicos, tudo inutilmente. A interpretação dos fenômenos oníricos, de Artemidoro, na Antiguidade, até Freud, modernamente, pouco fala de sonhos como os meus. Freud, conquanto reconheça que os sonhos, apesar de preponderantemente visuais, possam ter também impressões auditivas e de outros tipos, não vai além disso. Freud cita um autor, J.Delboeuf, que sonhava com nomes latinos. Mas Delboeuf via coisas também. Decorei, então, um enunciado de sonho que eu acreditava esclarecedor: "um mundo arcaico de vastas emoções e pensamentos imperfeitos." Acabei descobrindo, no livro de A. Maury, *Analogies des phénomènes du rêve et de l'alienation mentale*, uma definição do estado onírico que expressava o que acontecia comigo: "uma associação viciosa e irregular das idéias". Havia momentos em que eu suspeitava estar louco (Fonseca, 1988, p. 35 ).

A identificação entre leitor e autor, no meu entender, por analogia, é o que deve acontecer entre o analisando e o analista, ou seja, uma transferência. Assim pensando, podemos associar isso ao que acontece quando Fonseca, leitor, cita um outro autor, Isaac Bábel, inúmeras vezes. Quem ainda não leu Bábel ficará causado a lê-lo. Fonseca, de seu lugar de artista genuíno, não é acometido da tal inveja em relação a Bábel, sendo capaz de produzir "curiosidade" e generosidade, qualidades naturais de um "escritor criativo" que, mesmo acusado de sonegar informações sobre a "fonte" de onde retira seu material, não se nega a compartilhar com seus leitores as preciosas gemas que foram parar em suas mãos.

Fonseca utiliza as gemas preciosas para bordar a fantasia, a trama do romance: alta-costura. Vai entremeando a narrativa com sonhos, igualmente preciosos. Ao misturar o sonho e a realidade, permite uma aproximação daquilo que causou curiosidade em Freud: o privilégio do artista. Privilégio daquele dotado de um saber que só se revela através de sua obra. Porque, como diz Fonseca: "a obra é mais importante que o homem" (p. 124). Logo, não adianta indagar ao autor, ao sujeito criador, pois não é o homem que dará conta de dizer sobre isso. É a obra que fala, a obra tem voz própria. Esse segredo contido na obra é uma espécie de encanto que, se revelado, perderia o seu valor. O artista é o mantenedor desse encantamento. Isso, talvez seja tudo que se pode saber sobre esse mistério.

> Você tem inveja dos escritores? (...) Houve época em que pensei em me tornar escritor, mas verifiquei que não era louco o suficiente para tanto. Acho que o sujeito que é escritor, em princípio, não é muito bom da cabeça (Fonseca, 1988, p. 131).

Freud (1908 [1907]) vai um pouco além e diz que "o indivíduo que devaneia oculta cuidadosamente suas fantasias dos demais, porque sente ter razões para se envergonhar das mesmas" (p. 157).

Os artistas são mensageiros, porta-vozes do desejo de se ultrapassar as limitações humanas. São nossos irmãos queridos cujas obras estão sempre ao nosso alcance, incitando coragem,destemor, loucura, e sabe-se lá o que mais, abrindo caminho para que possamos ir um pouco mais além. Nos são tão caros ao expressar, por nós, a perplexidade e a ignorância a respeito dos mistérios fundamentais da existência. "Na verdade, o ser humano tem essa atitude ambígua, diante do sexo, do poder, da loucura, da miséria, da dor, da morte" (FONSECA, 1988, p. 210). O ser humano, este ambíguo ser, que diante de certos tabus se divide entre o desejo e a vergonha, identifica-se com o artista que não sente vergonha, entretanto, de se expressar. Ai de nós sem os ficcionistas, contadores das histórias acolhedoras do nosso desamparo. Por isso a ficção nos fascina. Uma invenção possível, na tentativa de abordar o vazio. A ficção é uma possibilidade de expressão e acolhimento dos sentimentos excessivos que nos atormentam. Ela traz as imagens, os sons, os significantes que faltam para que a coisa não fique solta por aí.

Chegamos ao analista trazendo o relato de uma história, uma ficção sobre nós mesmos. Um relato que bascula entre o sujeito e o mundo, entre a realidade e a fantasia, uma outra realidade que nos garanta suportar nossas limitações. Essa báscula gera um conflito. Na ficção literária, o conflito também há que se instalar para que a narrativa cause a tal curiosidade mobilizadora. Assim sendo, tanto em literatura quanto em psicanálise, trata-se de ficção.

Acrescentamos às palavras de Freud – quando ele indaga sobre a "curiosidade" em relação às "fontes" das quais o "escritor criativo" retira seu material – que, em se tratando de ficção, devemos nos interessar igualmente pelos destinos desse material. A obra de arte é sublimatória. Produz efeitos, interpretações, sentido. A narrativa é uma jóia de significantes, encadeados como num colar. As pedras preciosas são condensação e metáfora, matéria-prima do sonho e da trama narrativa. Representam o valor, aquilo que se ganha ou se perde no ato da criação.

Rubem Fonseca, em *Vastas emoções e pensamentos imperfeitos*, nos conta uma história entremeada de sonhos, erotismo, citações literárias, delicadezas, reviravoltas e suspense. Na página duzentos e oitenta e sete, Fonseca suspende a narrativa. Da trama, em suspenso, ele deixa à mostra somente um fio de seda, talvez o fio da poesia com o qual, em muitos momentos, bordou a fantasia, a trama do romance. A partir daí, o escritor criativo nos inclui, definitivamente, na obra. A partir daí, o que interessa não é somente saber da "fonte", mas saber, também, do "destino". O que fazer com essas pedras preciosas que servem para bordar a fantasia?

Dei a caixinha com as pedras preciosas para ela.

Muito obrigada, disse Mildred pegando a caixinha e despejando as pedras em uma caixa grande, cheia de miçangas, paetês, canutilhos e pedrarias coloridas. "Não quer mesmo entrar e tomar um cafezinho?"

"Não posso. Diz ao Negromonte que eu deixo um grande abraço para ele."

> Saí. Ao chegar à esquina parei e segurei num poste de ferro, como se ele fosse uma árvore cheia de flores.
>
> Tudo era fantasia, um sonho, um mundo de vastas emoções e pensamentos imperfeitos (Fonseca, 1988, p. 287).

## Referências bibliográficas

FONSECA, Rubem. *Vasta emoções e pensamentos imperfeitos.* Rio de Janeiro, Cia. das Letras, 1988.

Freud, Sigmund (1900). *Interpretação dos Sonhos.* Ed. Standard Brasileira. Rio de Janeiro, Imago, 1976, vol. IV.

_______ (1908 [1907]). *Escritores criativos e devaneios.* Ed. Standard Brasileira. Rio de Janeiro, Imago, 1976, vol. IX.

# Dom Juan e o engano da lista

*Luiz Alberto Pinheiro de Freitas*

> Como não posso desempenhar o papel de amante por causa da minha deformidade, serei o vilão, conspirarei, assassinarei, e farei tudo o que quiser. Essa motivação frívola só sufocaria qualquer sentimento de simpatia no auditório, se não fosse um pano de fundo para algo muito mais grave. Do contrário, a peça seria psicologicamente impossível, pois o escritor deve saber como nos fornecer antecedentes secretos que despertem simpatia pelo seu herói, a fim de que possamos admirar sua ousadia e desembaraço sem protesto interior; e essa simpatia só pode basear-se na compreensão ou no sentimento de uma possível solidariedade interior em relação a ele. (...) Ricardo é uma ampliação do que encontramos em nós mesmos. (Referência feita por Freud à obra de Shakespeare, *Ricardo III. Alguns tipos de caráter encontrados no trabalho psicanalítico).*

Desde que Tirso de Molina, pseudônimo do Frei espanhol Gabriel Telez, editou, em Barcelona no ano de 1630, a peça teatral *El Burlador de Sevilla*, o herói Dom Juan corre mundo. É tal o sucesso que inúmeros outros escritores aventuraram-se, com o decorrer dos anos e dos séculos, a promover alterações no texto original. A impressão causada pela peça só pode ser verdadeiramente explicada pelo fato das peripécias de Dom Juan produzir um prazer que "procede de uma liberação de tensões em nossas mentes" (Freud, 1908 [1907] p. 158). A atividade dom juanesca consegue, através da pena do frei mercedário, gerar sentimentos de simpatia e magnanimidade, ou seja: "A verdadeira *ars poetica* está na técnica de superar esse nosso sentimento de repulsa" (Freud, p. 158) em relação às atuações perversas do herói. Essa superação só é possível na medida em que o escritor desvia-nos de qualquer reflexão crítica, e nos leva, de forma inconsciente, a um apaixonamento pelo herói, produzindo assim, intensos efeitos de identificação que remontam ao século XVII. Parafraseando Freud (1916), a respeito de *Ricardo III*, poderíamos dizer que Dom Juan é uma ampliação do que encontramos em nós mesmos.

Vital Brazil, em 1992, afirmava que na nossa cultura havia personagens que seriam representantes, inicialmente, de uma forma de ser num determinado contexto sócio-histórico, no entanto, com o decorrer do tempo, eles se mantiveram e passaram a ser não só representativos daquela cultura, mas ganharam uma dimensão universal. Esses personagens seriam permanentes, representativos de certas matrizes da subjetividade, não se situariam mais em um determinado tempo, poderiam ser representantes de qualquer tempo. A obra da qual se retira um personagem permanente inscreveu-se, ao longo dos anos, no que Bakhtin chamou de a "grande temporalidade" (1970, p. 364).

Um texto literário permite que se utilizem os conceitos da psicanálise para: "interpretar, dar sentido à sempre errante linguagem do desejo inconsciente, fornecer alguma inteligibilidade ao que surge como absurdo, como irrepresentável..." (Freitas, 2001, p. 43). A interpretação de um personagem é sempre uma forma que tem aquele que se utiliza da psicanálise, de enriquecer a obra e a cultura em que ela está inserida, ampliando assim o alcance da mesma ao produzir efeitos de sublimação. Uma interpretação que será sempre parcial e que não esgota outras possibilidades interpretativas.

Das centenas de dom juans criados a partir da concepção de Tirso de Molina, há mais dois que se tornaram significativos: o de Molière e o de Lorenzo da Ponte. Dos três textos, retiramos para exame algo que ganha certa dimensão, na medida em que funciona como um processo evolutivo que chega a um ápice – a lista de mulheres seduzidas. No *libreto* de Lorenzo da Ponte encontra-se a impressionante cifra de 2.065 encontros amorosos. A idéia da lista já se descortinava no texto espanhol de 1630.

**Catalinón**
Enfim, pretendes possuir Tisbea?

**Don Juan**
Sim, seduzir
é um hábito antigo meu,
porque me perguntas,
se já me conheces? (Molina, p. 164).

Depreende-se que, sendo um hábito antigo, deve haver uma longa lista de mulheres enganadas. Mais adiante, Tirso apresenta outra passagem na qual Dom Juan e o Marquês de La Mota comentam sobre várias mulheres, cortesãs conhecidas de ambos.

**Don Juan**
Como está Sevilla?
**Mota**
A corte já está
toda mudada.
**Don Juan**
Mulheres?
**Mota**
Coisa certa.
**Don Juan**
Inês?
**Mota**
Foi para Vejel.
**Don Juan**
Bom lugar para se viver
o que essa dama nasceu.
**Mota**
O tempo a desterrou
para Vejel.
**Don Juan**
Vai morrer.
Constanza?
**Mota**
Está uma lástima

Sem cabelos e sem sobrancelhas.
Chama-lhe o português velha,
e ela se imagina bela.
**Don Juan**
Sim, velha em português
soa *vieja* em castelhano.
E Teodora?
**Mota**
Este verão
Suou muito
para escapar de um francês;
e está tão terna e remoçada,
que anteontem me atirou um dente
envolto entre muitas flores.
**Don Juan**
Julia, a de Candilejo?
**Mota**
Com seus enfeites luta.
**Don Juan**
Vende-se sempre por truta?
**Mota**
Já se dá por bacalhau.
**Don Juan**
O bairro de Cantarranas
tem boa população?
**Mota**
Rãs a maioria delas são.
E ainda vivem as duas irmãs?
**Mota**
E a macaca de Tolú?
de sua mãe Celestina
que lhes ensina a doutrina.
**Don Juan**
Oh, velha de Belzebu!
Como a mais velha está?

**Mota**
Branca, sem pudor nenhum;
tem um santo que mantém em jejum.
**Don Juan**
Mas quando está acordada dá?
**Mota**
É firme e santa mulher.
**Don Juan**
E essa outra?
**Mota**
Tem mais princípio,
Não deseja rípio. (p. 170-1).

Ou também na passagem seguinte de Molina:

**Catalinón**
Cuidado todos com um homem
que as mulheres engana,
ele é o sedutor da Espanha (p. 175).

Se Tirso de Molina trouxe a questão das várias mulheres seduzidas – hábito antigo de Don Juan - Molière modifica o nome do criado de Don Juan para Leporello e traz a questão da lista: "Se eu te fizesse a lista de todas com quem casou aqui, ali e acolá, olha, você ia ter que tomar nota o dia inteiro" (Molìére, 1997, p. 8-9).

Lorenzo da Ponte deu números, fazendo com que as aventuras tivessem uma impressionante marca, a qual deveria continuar sendo ampliada.

**Leporello**
Senhorinha, aquí está o catálogo
das belas que amou o meu patrão:
um catálogo que eu tenho feito;
observe, leia comigo.
Na Itália seicentos e quarenta,

na Alemanha duzentos e trinta e uma,
cem na França, na Turquia noventa e uma,
mas na Espanha são já mil e três (escena 5ta. Acto I, p. 7).

Utilizamo-nos do recorte da lista para podermos dizer alguma coisa sobre o que faz com que o herói Dom Juan toque, de forma intensa, a sensualidade humana ao longo dos séculos, inscrevendo-se desta forma na "grande temporalidade" bakhtiniana. Dom Juan é o homem que pretende ser o maior burlador da Espanha, quiçá, do mundo. Na sua obstinação pela conquista e pelo desprezo do objeto conquistado ele diz:

Sevilla aos gritos me chama
*o sedutor*, e o maior
prazer que em mim pode haver
é seduzir uma mulher
e deixá-la sem honra (Molina, p. 172).

Há que se perguntar o que faz com que esse homem ganhe tal dimensão. O que será que ele apresenta que nos toca de forma tão intensa a ponto de ser objeto de inúmeras refundições e dos mais intensos estudos literários, sociológicos, psicológicos etc.?

> Mas o que faz correr Dom Juan? O que procura ele? E, reciprocamente, para sua infelicidade e abandono, o que atrai para ele as mulheres? Por fim, o que reúne em torno de Dom Juan esses homens que se imaginam, se desejam, se comportam como se fosse ele? (Kristeva, 1983, p. 226).

A terceira pergunta feita por Julia Kristeva pode nos levar, através da análise do porquê do catálogo, a uma das pontas do leque de possibilidades do conflito homem-mulher. O catálogo de Lorenzo Da Ponte ou a lista de Molière são como as provas, o registro das seduções. Elas podem ser reduzidas a números, já que *El Burlador de Sevilla* nada mais pretende do que a conquista. É gozar e fugir. Após o intercurso, o herói quer uma outra, uma nova; é a possibilidade da permanente mudança de objeto o que atrai, já que o objeto não é para ser mantido – vai ser apenas um número na lista. A lista, como prova, a lista como burocracia, como representante da institucionalização das relações afetivas. As mulheres como membros de uma série (Sartre, 1963). Kristeva (1983) nos fala que:

> Por mais malicioso que seja o prazer dessa conta, ele não capitaliza no limite mais que o sadismo de reduzir a números as possuídas de uma paixão que, para o Senhor, não é uma conta, mas, um jogo (p. 227).

Todavia, é exatamente a questão de quantas e quantas vezes esse Senhor dá provas do não querer, do não precisar manter o objeto. A lista funciona como um atestado do engodo da plenitude, pois na posição "divina" não há que se considerar um outro desejante. Não há "o outro" de Deus. E, é essa posição divina do herói que vai produzir intensos efeitos identificatórios. Ser um Dom Juan, para um homem, é sentir-se, *in extremis*, não necessitado da mulher, poder negar esse histórico da vinculação materna – não é por acaso que não se fala na mãe de Dom Juan. Pode-se também lembrar que as passagens em que Molina apresenta o pai, o é como alguém com muito pouca ascendência sobre o filho. A mãe, presença ausente, deixa implícita a Medusa terrorífica que Don Juan – Perseu tem que, a todo o momento, decapitar com a sua espada – pênis – Dom Juan é espada!

A lista dom juanesca apresenta um outro aspecto que nos faz pensar. Quando Leporello fala sobre o assunto, seja em Molière ou na ópera de Mozart, é para desestimular uma reivindicação feminina, no entanto, e a clínica com os homens nos mostra isso, qualquer listagem de mulheres é para ser apresentada a outros homens. É para que, o dono da lista, exiba-se narcisicamente frente não às mulheres, mas ao universo masculino. Pode-se entrever a ponta da lista quando um homem sente um "prazer segundo" ao alardear ao amigo sua última conquista. A série da conquista é utilizada como uma insígnia narcísica; e tanto maior será a insígnia quanto mais no imaginário social a mulher for desejada; pois a passagem dom juanesca também pretende despertar admiração e inveja. E mais inveja ainda pode despertar, se aquele que se exibe disser que "ela quer mas eu não, é só sexo". A mulher, a quem qualquer um, do nobre ao pobre, foi, em algum momento da vida, submisso, pelo menos por tê-lo parido, torna-se uma figura cujo registro da referência do "dar a vida" faz com que os homens tentem "denegar" sua importância.

As listas formais, e na maioria das vezes as informais, correm entre os homens desde os encontros de adolescentes até os grupos da senescência. Discutem, normalmente, de forma depreciativa sobre as mulheres com as quais fizeram sexo. O dom juanismo é, prioritariamente, uma demonstração de potência para os outros homens, não para as mulheres – em princípio, um homem que teve muitas mulheres é, entre os homens, muito mais valorizado do que aquele que teve poucas. A lista numerosa é um belo *phalus* a ser apresentado. Uma extensa lista é um cartel que o coloca, em relação ao protesto masculino freudiano, como alguém que não se submete.

Esse dar provas de independência frente à mulher e, conseqüentemente, aos homens, faz com que esse homem possa ser visto como um semideus, ou seja, não precisa de ninguém, e por isso pode se dar ao luxo de gozar indefinidamente – na posição divina não se sofre por amor, não há luto a ser elaborado. A dor pela perda do objeto amado é um dos maiores sofrimentos a que nos condenou a mãe Natureza. "Chama-me Natureza ou Pandora; sou tua mãe e tua inimiga" disse Machado de Assis no delírio de Brás Cubas (1881, p. 422). Tirso de Molina faz a correção, tira a parte inimiga e produz um homem que, aparentemente, não necessita de mulher. O texto correu mundo, foi alterado, aumentado, recriado, no entanto, continua a atrair, notadamente aos homens, que se sentem lisonjeados com a alcunha de dom juans em virtude da identificação com este que, só utiliza as mulheres para gozar e apregoar, aos sete ventos, o quanto lhe agrada ser temido por elas e admirado pelos homens. Uma tal "independência" é para ser desejada, e no íntimo de um homem, quem sabe não palpita este desejo impossível de liberdade. A posição divina, onipotente, só se consegue através das artes, e a literatura é uma das mais propícias a este tipo de fantasia - poder dizer, sem rodeios, que o que mais gosta é enganar uma mulher e deixá-la sem honra, e que o mundo o reconheça como tal!

> ...os homens, nas suas disputas pelos objetos sexuais disponíveis, sempre encontram fórmulas para se pavonearem uns diante dos outros. Nessa permanente competição fálica, o valor de cada um é dado pelo número de mulheres a que tem acesso sexual. (...). Nas suas disputas fálicas, os homens tem um prazer incomensurável, um segundo gozo, que é o de poder despertar a inveja do outro pelas mulheres que desfruta. (...). Por vezes é necessário ir mais longe, chegar até a confissão, nomear a mulher, fazer o outro imaginar a cena e deliciar-se com a inveja (Freitas, 2001, p. 112).

Freud, em 1937, numa nota de pé de página, chamava atenção para o que denominou "protesto masculino", ou seja, o medo que os homens têm de se sentirem submetidos a outro homem.

> ... tais homens com freqüência demonstram uma atitude masoquista – um estado que equivale a servidão – para com as mulheres. O que eles rejeitam não é a passividade em geral, mas a passividade para com um homem. Em outras palavras, o 'protesto masculino', de fato, nada mais é do que ansiedade de castração (Freud, p. 287).

Na nota citada, ele não deixa de fazer referência a uma possibilidade de servidão para com as mulheres, ou seja essa permanente depreciação da mulher transformada em mero elemento de uma série, nada mais seria do que uma denegação da importância da mulher, tanto que a lista também assinala quantas mulheres são necessárias para que o homem possa manter permanentemente aplacada sua ansiedade de castração.

Dom Juan é um personagem que produz o devaneio do homem "livre" da mulher, livre das tormentas da rejeição, livre do permanente mal-entendido entre os sexos. O herói nos faz sonhar com um mundo libidinoso, sem censuras, sem interditos sexuais. Um homem a quem em matéria de mulher a auto-censura é bastante leniente. Don Juan inverte a máxima machadiana de que "O maior pecado, depois do pecado, é a publicação do pecado" (Assis, Machado de, 1891, p. 579). Ao contrário, ele é a favor da maior divulgação possível do pecado. Ele quer que todos saibam que ele é, entre todos, o maior sedutor, o maior burlador de mulheres. No tocante ao aspecto erótico, ele não teme nada. Tal poder fez seduzir muitos leitores, produzindo identificações que o levaram a categoria de personagem permanente, e ao qual sempre podemos voltar em busca de referências às matrizes da subjetividade. Ele ganha uma posição de personagem permanente pois pode condensar valores, denotar o complexo, o diferente e o plural, uma condensação que visa atribuir algum sentido a história do ser humano. Dom Juan é um exemplo consistente dos desejos inconfessáveis que perpassam o homem, e indica uma matriz de origem da própria cultura.

## Referências bibliográficas

BAKHTIN, Mikhail (1970). Os estudos literários hoje. In *Estética da criação verbal.* São Paulo, Martins Fontes, 1992.

FREITAS, Luiz Alberto (2001). *Freud e Machado de Assis: uma interseção entre psicanálise e literatura.* Rio de Janeiro, Mauad, 2001.

Freud, Sigmund (1908 [1907]). *Escritores criativos e devaneio.* Ed. Standard Brasileira Rio de Janeiro, Imago, 1980, v. IX.

______ (1916). *Alguns tipos de caráter encontrados no trabalho psicanalítico.* Ed. Standard Brasileira. Rio de Janeiro, Imago, 1980, v. XIV

______ (1937). *Análise terminável e interminável.* Ed. Standard Brasileira. Rio de Janeiro, Imago, 1980, v. XXIII.

KRISTEVA, Julia (1983). Dom Juan ou amar o poder. In *Histórias de amor.* Rio de Janeiro, Paz e Terra, 1988.

MACHADO DE ASSIS, Joaquim Maria (1881). *Memórias póstumas de Brás Cubas.* Obra Completa. Rio de janeiro, José Aguilar, 1959.

______ (1891). *Quincas Borba.* Obra completa. Rio de Janeiro, José Aguilar, 1959.

MOLIÈRE - Jean-Baptiste Poquelin. *Don Juan, o convidado de pedra.* Porto Alegre, LPM, 1997.

MOLINA, Tirso (1630). *El Burlador de Sevilla.* México, Porrúa, 1992.

PONTE, Lorenzo e MOZART, Wolfgang (1787). *Don Giovanni.* Berlin. Deutshe Grammophon Gesellschaft. s/d.

SARTRE, Jean Paul. *Crítica de la razón dialéctica.* Buenos Aires, Losada, 1963.

VITAL BRAZIL, Horus (1992). *Dois ensaios entre psicanálise e literatura.* Rio de Janeiro, Imago, 1992.

# Vertigem do desejo

*Sandra Paes Barreto Edler*

> Essa coisa sobrenatural que é viver.
> O viver que eu havia domesticado para torná-lo familiar
> (Clarice Lispector, *A paixão segundo G.H.*)

Ana vivia um cotidiano tranqüilo. Apartamento próprio, filhos crescidos e todos os dias os mesmos afazeres: cuidar da casa, dispensar atenção ao marido e aos filhos, fazer compras, manter o lar em sua calma vibração. Vivia, ela também, em calma vibração. Vez por outra, ecos da antiga juventude e sua pulsação. "Dela havia emergido para descobrir que também sem a felicidade se vivia: abolindo-a, encontrara uma legião de pessoas, antes invisíveis, que viviam como se trabalha – com persistência, continuidade e alegria" (Lispector, 1998, p. 20). E assim criou, para si mesma, uma vida. Diferente talvez dos sonhos de uma jovem, ou melhor, da *exaltada perturbação* de seus dias de jovem mulher. "Criara em troca algo enfim compreensível, uma vida de adulto" (p. 20).

No conto Amor (1998), Clarice Lispector descreve a vida de Ana, uma mulher envolvida com as tarefas de dona-de-casa e mãe e cujo olhar em direção ao mundo parece vê-lo como algo ordenado. "Ana dava a tudo, tranqüilamente, sua mão pequena e forte, sua corrente de vida" (p. 19). Era bom sentir-se atarefada, envolvida às múltiplas atividades. "Quando nada mais precisava de sua força, inquietava-se" (p. 15). Era bom acordar já envolvida e programada em direção aos *calmos deveres* do dia.

O início do conto nos coloca diante de Ana que, depois das compras, volta para casa de bonde. Com um meio suspiro, relaxa uns momentos nos quais a vida de casada, tão regrada, lhe vem à cabeça em cenas sucessivas. Ao passar por um ponto vê um homem parado. Percebe tratar-se de um cego. Um homem cego que mascava chiclete. Nesse momento, a sombra do próximo dever acudiu-lhe: os irmãos iriam jantar em sua casa, precisava apressar-se. Mas já estava capturada pelo instante: o coração lhe batia violento, o pensamento voava. Olhou o cego demoradamente, "como se olha o que não nos vê. Ele mascava goma na escuridão. Sem sofrimento, com os olhos abertos" (p. 21). A mastigação criava um movimento no rosto que simulava um sorriso que surgia e desaparecia. Algo bizarro. Uma máscara que, por algum motivo, parecia lhe insultar.

Naquele momento, quem olhasse Ana "teria a impressão de uma mulher com ódio" (p. 22). Tudo se passou rapidamente. O homem permaneceu no ponto e o bonde arrancou. Mas foi o bastante. "O mal estava feito", escreve Clarice. Desprevenida, Ana foi jogada para trás, as compras caíram-lhe ao chão. Assustada, gritou. O condutor emitiu ordem de parada, os passageiros olharam-na com surpresa. O cego, da rua, percebendo algo, deixara de mascar e avançava, com as mãos inseguras, "tentando inutilmente pegar o que acontecia" (p. 22).

O bonde recomeçou a andar. Ana tentou aprumar-se, arrumou as compras. Afinal, o que havia acontecido? Porque uma cena tão simples, vista do bonde, havia lhe afetado tanto? Ana procurou acalmar-se para entender. No entanto, comenta Clarice, "o mundo se tornara de novo um mal-estar" (p. 22). Vários anos de composição e estrutura ruíram naquele instante. Onde estava a antiga ordem, o sentido das coisas?

"O que chamava de crise viera afinal. E sua marca era o prazer intenso com que olhava agora as coisas, sofrendo espantada" (p. 23). Anos de vida apaziguada, uma espécie de crença na organização, rompiam-se naquele momento. Ana desce do bonde. Procura situar-se, dirige-se ao Jardim Botânico e refugia-se num banco. Persegue o silêncio para voltar à calma. Respira profundamente e olha à sua volta. Tudo o que vê, no entanto, está fora do antigo tom e da moldura que arrumava e separava devidamente uma coisa da outra, ordem, desordem, ternura, grosseria.

"Nas árvores as frutas eram pretas, doces como mel. Havia no chão caroços secos cheios de circunvoluções, como pequenos cérebros apodrecidos. O banco estava manchado de sucos roxos" (p. 25). O bom e o mau, o fascínio e a repulsa, o nojo agora conviviam. E a morte? "A morte não era o que pensávamos", observa Clarice (1998).

Guiada pelo cego, Ana perdeu um pouco a noção do tempo no Jardim Botânico e quando percebe o jardim já está fechado. Foi preciso chamar o vigia para voltar para casa. "Não havia como fugir. Os dias que forjara haviam-se rompido na crosta e a água escapava". Ana estava desestabilizada, insegura, "o que o cego desencadeara caberia nos seus dias?" "Quantos anos levaria para envelhecer de novo?" (p. 29).

Em depoimento sobre o conto (Gotlib, 1995), Clarice admite que personagem e narradora misturaram-se a ponto de partilharem as mesmas emoções, "dada a intensidade com que inesperadamente cai com o personagem dentro de um Jardim Botânico não calculado, e de onde quase não conseguimos sair, de tão encipoadas e meio hipnotizadas – a ponto de eu ter que fazer meu personagem chamar o guarda para abrir os portões já fechados, senão passaríamos a morar ali mesmo até hoje" (Lispector, 1995, p. 273).

Autora e personagem vivem um momento de devaneio. A realidade – por instantes – distanciou-se do Jardim Botânico permitindo a ambas viajar num tempo mágico em que as obrigações ficaram esperando. Momento de criação que inclui talvez transgressão e ainda a possibilidade de transcender o cotidiano que, de alguma forma estreitara-se, não deixando abertura à fantasia.

A fantasia e o devaneio interessaram profundamente Freud. Pouco tempo depois de analisar os sonhos articulando-os ao desejo inconsciente e abrir a possibilidade de sua interpretação, Freud volta-se à fantasia, ao movimento que inspira os escritores criativos, considerando-os aliados valiosos por transitarem em território desconhecido, "como prolongamentos do estado de vigília" (Freud, 1907, p. 19). Considerou, assim, o devaneio como uma livre imitação do sonho, alimento ao escritor criativo e especula o que anima a criação literária.

Na infância, a ocupação favorita da criança é a brincadeira na qual interfere junto aos elementos e às referências do mundo alterando-os segundo seu desejo. Durante a brincadeira, a criança modifica a posição da casa, inverte a atuação dos participantes e repete à exaustão determinado conteúdo dentro da perspectiva de *fazer como os adultos fazem*.

Na opinião de Freud (1908),

> o escritor criativo faz o mesmo que a criança que brinca. Cria um mundo de fantasia que leva muito a sério, isto é, no qual investe uma grande quantidade de emoção enquanto mantém uma separação nítida entre ele e a realidade (p. 150).

E Freud chama a atenção para a linguagem – no caso, a língua alemã – que mantém preservada a relação entre o brincar infantil e a criação poética como se pode observar nos termos comédia (*Lustpiel*), brincadeira prazerosa e tragédia (*Tauerspiel*), brincadeira lutuosa ou infausta.

Não é fácil fazer a passagem entre a infância com sua onipotência e a idade adulta com suas exigências. Não é fácil, igualmente, abrir mão do prazer, sobretudo o prazer imediato, em nome de gratificações menores e à distância. Como observa Freud, "o que parece ser uma renúncia é, na verdade, a formação de um substituto..." (1908, p. 151).

A atividade da fantasia substitui a brincadeira e recria, ao menos em parte, este prazer perdido. Raramente, no entanto, temos a oportunidade de observá-la ou mesmo acompanhá-la uma vez que o adulto, ao contrário da criança, não a expõe. Elas são vividas à sombra, como algo íntimo, longe dos olhos curiosos. Como a clínica psicanalítica nos revela todos os dias, é mais fácil ouvir um sintoma do que uma fantasia.

As fantasias são desencadeadas a partir de desejos insatisfeitos e toda fantasia corresponde à realização de um desejo como "uma correção da realidade insatisfatória" (Freud, 1908, p.152). Existem duas formas principais de expressão: os desejos ambiciosos e os eróticos, conteúdos não excludentes uma vez que freqüentemente se apresentam juntos. Ser um herói no plano da fantasia, capaz de conquistar, obter admiração e despertar o amor, permite ao sujeito superar os limites impostos pela condição humana de realização do desejo: obedecer à lei e pagar o respectivo tributo. Permite, como contavam os antigos gregos, ultrapassar o *métron* – a medida de cada um - e avizinhar-se ao êxtase.

A fantasia é compensatória, dá suplência ao narcisismo trazendo de volta o eu ao lugar *ptolomaico* da infância ao qual teve que renunciar a duras penas, face às exigências da realidade e do convívio com outros sujeitos. Mas Freud nos diz em 1909 que, muitas vezes, o homem bem sucedido é aquele que consegue transformar em realidade seus castelos no ar. Dada a origem infantil pode ser constrangedor ao sujeito revelar seus devaneios, da mesma forma que, para o ouvinte, pode causar mal-estar. Entra aí o escritor criativo que, trabalhando com o mesmo material, consegue suavizá-lo, disfarçá-lo, encontrando formas poéticas e metafóricas para exprimi-lo.

Freud chama a atenção – assim como havia feito em relação ao sonho – acerca da existência de um elo, o fio do desejo que entrelaça passado, presente e futuro. O desejo pode fazer uso de elementos e cenas banais do cotidiano para construir, segundo os moldes do passado, um recorte em direção ao futuro.

Nesse fragmento de conto de Clarice Lispector, narradora e personagem identificadas expressam, de maneira lírica, os desdobramentos de sua fantasia, o devaneio no Jardim Botânico, a fuga ao cotidiano repetitivo enquanto novas percepções seguidas de interpretações reformuladas, ofereciam um convite à revisão do mundo com alegrias, frustrações, limites, defesas. Os mesmos conflitos, desejos não-realizados, medos, queixas incessantes que tantas vezes enredam o sujeito neurótico, servem de inspiração ao escritor que consegue transportar-se a uma outra realidade da qual depois – ainda que recorrendo ao guarda noturno – consegue retornar. E mais ainda, encontra meios de transmiti-la ao leitor produzindo, em lugar de desconforto, um momento de encantamento.

A expressão literária ilustra como o mesmo solo pantanoso, dores, mágoas, ressentimentos, corredores intermináveis, vãos; cantos escuros de nossa vida podem ser revisitados por um outro olhar e que existe, muitas vezes, um destino possível ao sofrimento, um destino transformador ao sofrimento que não a repetição interminável dele mesmo. E como repetimos! Hábitos, idéias, ângulos de visão. Como Ana antes do encontro com o cego, o sujeito neurótico repete, muitas vezes sem perceber, atitudes inúteis, condições de humilhação e, sobretudo, o ritual secreto da defesa.

Daí resulta o estreitamento existencial que percebemos na personagem desse conto. Na ânsia de adaptar-se às imposições da vida adulta e suspeitando serem inconvenientes seus desejos, a personagem perdeu-se de si e converteu-se num autômato. Abandonando a trilha do desejo, considerando-o talvez um complicador, rebaixou a existência à dimensão *curta e tripudiada* das regras e convenções do dia-a-dia. Escolheu a *via mediana*, "... a depreciação do desejo, a modéstia e a temperança" (Lacan, 1988, p. 377), levando ao pé da letra a advertência escrita à porta do Templo de Apolo: *nada em excesso, a virtude está no meio*!

"Ela apaziguara tão bem a vida, cuidara tanto para que esta não explodisse. Mantinha tudo em serena compreensão, separava uma pessoa das outras, as roupas eram claramente feitas para serem usadas e podia-se escolher pelo jornal o filme da noite" (Lispector, 1998 p. 23). Acreditava, assim, haver uma lógica formal e um sentido regendo a vida. Era como se fosse uma troca. Abrindo mão de prazeres maiores, talvez indevidos, poderia usufruir o conforto, a ordem e sobretudo a paz! "E um cego, mascando goma despedaçava tudo isso" (Lispector, 1998, p. 23).

A vida que levara até então parecia-lhe agora "cheia de náusea doce, até a boca" (Lispector, 1998, p. 23). Podia ver, quase sentir, dois espaços em contraponto: o ambiente do lar no qual vivia domesticada e o outro, mais sofrido, mais autêntico talvez e *perto do coração selvagem.*

"O que faria se seguisse o chamado do cego?" (p. 26) – pergunta-se. Como seria o mundo além das muralhas? Teria que seguir só, este seria o primeiro aspecto. Haveria lugares pobres, ricos, pessoas de todas as espécies talvez misturadas. A vida lhe parecia sem garantias, arriscada, louca, desnorteada. Seria possível voltar a planejar? A vida é horrível, conclui. "Mas seu coração se enchera com a pior vontade de viver" (p. 27). E foi um cego, pensou, um cego me levou ao pior de mim mesma.

Até onde poderia ir se seguisse o chamado do cego? Pergunta-se novamente, que caminho seria esse? Um caminho desconhecido, atraente, assustador, imprevisível. Um caminho que a levaria a muito longe de si. Ou perto demais? Poderia levá-la ao desconforto, à inquietação, à criação talvez? "Como a repulsa que precede à entrega, era fascinante"

(p. 25). "Ao mesmo tempo que imaginário – era um mundo de se comer com os dentes" (p. 25).

"Agora que o cego a guiara até ele, estremecia nos primeiros passos de um mundo faiscante, sombrio" (p. 25). O caminho estava entreaberto. Havia mais sombra do que luz, não se podia ver o fim, as margens eram pouco definidas, nada era claro. Era preciso avançar passo-a-passo, lembrando os versos imortais de Antonio Machado: *caminhante, não há caminho. O caminho se faz ao andar.*

Escrito em 1950, período em que Clarice Lispector viveu por algum tempo no Rio, este conto pertence à categoria dos "contos de acontecimento" (Gotlib, 1995). Neles, algo aparentemente singelo, pinçado de um momento trivial do dia-a-dia, traz algo de diferente e absolutamente não trivial.

Mas, por que amor dá o título ao conto?

De volta do Jardim Botânico, prossegue a noite de Ana. Até chegar à porta do edifício, parecia à beira de um desastre". (p. 26). Ela revê os filhos, ainda assombrada com a experiência. Procura ajudar a empregada nos preparativos para o jantar dos irmãos e sobrinhos. Tenta entreter-se com o que lhe é familiar para libertar-se da estranheza que a persegue. Estaria amando aquele cego, pergunta-se? Aquela atração poderia ser amor? E um enorme sentimento de solidão apossou-se dela. "...A vida arrepiava-a como um frio" (p. 27), o suor escorria entre os seios...

Por fim é servido o jantar que, apesar de ter sido feito com menos ovos – grande parte foi quebrada durante o tropeção no bonde – ficou muito bom. Filhos, primos, irmãos e cunhados conversam diante das janelas abertas do apartamento numa noite de muito calor no Rio. Todos estão cansados do dia, "felizes em não discordar, tão dispostos a não ver defeitos. Riem-se de tudo, com o coração bom e humano" (p. 28). Ana observa a cena, tentando prender o instante em suas mãos...

Finalmente se despedem. Ana permanece na sala debruçada à janela do 9º andar. De repente ouve um estranho barulho na cozinha. O que foi agora? O marido, servindo-se de um café, deixou cair a xícara. Ana estremece. O marido abraça-a, sentindo-a diferente esta noite. E a conduz pela mão até o quarto "levando-a consigo sem olhar para trás, afastando-a do perigo de viver" (p. 29).

Preparando-se para dormir, Ana penteia-se diante do espelho. "Se atravessara o amor e seu inferno" durante o dia olha-se agora "sem nenhum mundo no coração" (p. 29). E com um pequeno suspiro, como se apagasse uma vela, "soprou a pequena flama do dia" (p.29).

## Referências bibliográficas

Freud, Sigmund (1907 [1906]). *Delírios e sonhos na Gradiva de Jensen.* Ed. Standard Brasileira. Rio de janeiro. Imago, 1976, v.IX.

_______ (1908 [1907]). *Escritores criativos e devaneio.* Ed. Standard Brasileira. Rio de janeiro. Imago, 1976, v.IX.

_______ (1914). *Recordar, repetir e elaborar* (Novas recomendações sobre a técnica da psicanálise III). Ed. Standard Brasileira. Rio de janeiro. Imago, 1976, v. XII.

GOTLIB, Nadia. *Clarice, uma vida que se conta.* Ática, São Paulo, 1995.

LACAN, Jacques (1959/60). *O Seminário 7: a ética da psicanálise.* Rio de janeiro, Zahar, 1988.

LISPECTOR, Clarice. Amor. In *Laços de Família.* Rio de Janeiro, Rocco, 1998.

# A CARTA AO PAI DE FRANZ KAFKA

José Durval Cavalcanti de Albuquerque

> ...os próprios escritores criativos gostam de diminuir a distância entre a sua classe e o homem comum, assegurando-nos com muita freqüência de que todos, no íntimo somos poetas, e de que só com o último homem morrerá o último poeta. (Freud, *Escritores criativos e devaneio).*

Já no início da nossa vida psíquica, apreendemos que o rigor da realidade nos pressiona a lutar por um ordenamento mais suave da sua composição. O ensino freudiano diz que o brincar infantil, uma expressão dos primeiros sinais de atividade imaginativa, anseia o "de-leite". O amadurecimento traz uma gradativa diminuição deste exercício até sua coagulação. Para a criança, o brincar e a realidade são distintos, apesar de manterem um elo entre eles. O encerrar dos jogos infantis leva embora esta maneira de encontrar satisfação. O prazer desaparecido será, de algum jeito, reencontrado no fantasiar adulto, berço dos chamados devaneios. Mas, diferentemente da brincadeira que é explícita, a fantasia que surge mais tarde tende a ser escondida. O fantasiar é uma tentativa de corrigir uma insatisfação, ou ainda, uma realização de desejo da qual se prefere não falar. Já o brincar, objetiva igualmente uma satisfação com a diferença de que é claro, exibido. Provavelmente, deve ser esta a razão pela qual, vai nos dizer Freud, que temos mais fácil acesso às motivações do brinquedo infantil do que àquelas da fantasia adulta. A passagem da fantasia para um devaneio, implica num trabalho psíquico originado em motivação presente, determinando um forte desejo atual. Este, é remetido à uma lembrança passada para um momento em que este voto foi realizado.

Cria-se aí uma prospecção para um futuro aonde o desejo se realizará (Freud,1908 [1907]).

Do inventor da psicanálise, sabemos que o material utilizado pelo escritor é o mesmo que preenche nossas fantasias, sonhos e devaneios: é aquele que se encontra nas engrenagens do desejo a demandar realização. A seriedade de uma brincadeira dará o tom da criatividade do mesmo modo que o mundo fantástico do escritor aplicado é grávido de emoção. A nomeação dos objetos sensíveis nas formas literárias, tais como, a peça teatral, o ator, etc., aponta para a preservação determinada pela linguagem entre o brincar infantil e a criação poética. Tendo isto posto, podemos examinar o que tem de conforme entre um escrito e um devaneio.

Certamente que um bom romance, drama, tragédia ou qualquer outro gênero de construção literária, situa-se longe de um devaneio ingênuo, encontrando-se nele o aspecto em que a criatividade de um escritor pôde construir com aquilo que emanou de uma busca de satisfação. Ou seja, originou-se da mesma fonte de onde brotaram suas fantasias.

O objeto de nosso título, a carta que o escritor Franz Kafka (2004) escreveu ao pai, foi escolhido por se referir a um texto que, em princípio, não teria aspirações literárias, na medida em que se tratava de uma comunicação intensionando esclarecimentos, portadora de um endereço certo. Aqueles que comentaram este escrito observaram que a sua bem cuidada e grande letra em que foi redigido, e as poucas correções, apontavam para uma intenção efetiva de enviá-la ao pai.

É um manuscrito de 1919, com cerca de cem páginas, em uma época em que a carreira literária do autor, que jamais obtivera grandes destaques, encontrava-se em ponto morto. É de se notar que suas obras mais conhecidas, que alcançaram um grande brilho póstumo, - "A metamorfose e O processo" – já se encontravam publicadas (Kafka, 2004, p. 7).

Um dos grandes temas da obra de Kafka, a autoridade paterna, é por ele enfrentado neste documento, feito aos 36 anos de idade. De acordo com Walter Benjamin e Elias Canetti, estudiosos da obra kafkiana, é um texto, inegavelmente, autobiográfico.

O escritor tcheco começa a "Carta" com uma impressionante declaração do quanto é possuído pelo medo de um pai, medo esse que "ultrapassa de longe sua memória e seu entendimento" (p. 18). Sua motivação declarada de escrever tal carta é de uma tentativa de aproximação com esta tão temida e formidável criatura. Seus argumentos são garimpados em um lugar situado além da capacidade de lembrança ou compreensão. Lugar aquele, lá onde ele pensa e não é. O fio do desejo costura o texto, que desliza pelo olhar do leitor, num entrelace feito de passado, presente e futuro.

As palavras movem-se no papel, dando relevo a um misto de frustração e nostalgia, referidas a um sentimento de inferioridade e a uma fragorosa barragem imposta pelo pai, que de acordo com este endereçamento manuscrito quase aborta o deslocamento do protagonista na direção do seu vir-a-ser. Este se encontra na carta, ora como sofredor passivo, ora como espectador ou ainda num torturante amálgama com este pai. Chama a atenção com que pertinência ao discurso psicanalítico refere-se à figura paterna, numa época em que a psicanálise alvorecia, confirmando o que Freud (1907 [1906]) dizia em seu artigo *Delírios e sonhos na Gradiva de Jensen,* do quanto os escritores criativos encontravam-se adiante da psicanálise no conhecimento da existência da subjetividade humana. O autor desta mensagem manuscrita, conta da entrada do Pai simbólico, que sustenta a substituição da coisa pela palavra, e de um pai real que se nega a assumir sua falta em relação à prática desta função, na sua recusa de sair do lugar do Pai-Deus. Kafka, com veemência, fala de uma desesperada procura por um caminho que lhe forneça as necessárias condições, um mínimo para se constituir, para poder passar sem o pai. Sai a descrever intensos sentimentos de fragilidade, inferioridade, fantasias incestuosas, hostilidade parricida, culpa e a presença de um pavor constante. Em sua viagem epistolar o autor, no momento em que escreve, se diz "um homem débil, amedrontado, hesitante e inquieto" que espera alcançar, através desta carta, "algo próximo da verdade, que possa tranqüilizar um pouco a ele e ao pai, tornando a vida e a morte mais fácil para ambos" (Kafka, 2004, p. 6). A intensidade de tal declaração nos faz pensar que o seu escrever não parte de um ato desesperado, mas, sim como a expressão de um profundo e constante desespero.

Podemos considerar que Kafka, em sua "Carta", não era movido por pretensões literárias. Queria ser ouvido pelo pai. Entrega a missiva a sua mãe que "com palavras bondosas ela a devolve" (p. 8). Porém ele vai ficando com a carta e, em comentários manuscritos, diz que é uma "carta de advogado" (*ibidem*), como de alguém que se defende em um tribunal, apresentando uma volumosa lista de erros cometidos pelo pai na sua educação. Porém, sabe-se que este manuscrito alcançou um alto valor estético enquanto documento literário. Valor este, que não se mostra a uma leitura superficial. A título de exemplo, evoquemos, em continuidade a Derrida, quando, na abertura do seu livro a *Farmácia de Platão* (1997), adverte que um texto só pode ser aceito como tal se oculta ao primeiro olhar "a lei de sua composição e a regra de seu jogo" (p. 7). Ou seja, que tanto esta lei como esta regra não são rigorosamente perceptíveis a partir de uma simples apresentação. Para que um texto se dê a conhecer, há que se ir além de sua superfície. Tem que nele "meter as mãos" (*ibidem*) sem recuar da possibilidade, quando inevitável, de acrescentar um fio à sua textura. Acrescentar aqui, não é outra coisa do que ordinariamente se chama de fazer a leitura, ou seja, a contribuição daquele que lê. É a tentativa de enxergar onde se produz o prazer de ler que movimenta este ensaio.

Vamos partir da premissa de que as palavras do autor tecem um pano com fios autobiográficos. Ora, uma autobiografia pode ser uma compilação de informações sobre si mesmo de cunho prático ou histórico-científico. Podemos dizer, com Bakhtin (2003), que aí não encontraremos qualquer propósito artístico-biográfico. Bem, a "Carta" apesar de um endereço certo e um objetivo explicitado é, sem sombra de dúvida, uma obra literária. Nesta, a partir de suas lembranças do passado, Kafka faz funcionar inúmeras vezes um outro cujas nuances idealizadas recordam a ele mesmo. Ao contar sobre sua vida, pela via do dizer, como os outros são para ele, produz um entrelaçamento com a estrutura formal do que narra, situando-se no papel representado por um ator e ainda que não se ponha como herói de sua vida, toma parte dela. Quando aquele que conta toma para ele as formas de perceber os valores dos outros, termina por vestir a roupa do personagem. Nestes escritos biográficos, aquele que escreve vai tomando conhecimento da história da sua vida através das tintas emotivas que colorem as palavras dos que lhe são caros, quando revelam sua origem, infância, vida familiar e social. O que confere valor artístico à narrativa é a superação da palavra quando esta se transforma numa expressão de um mundo dos outros e na maneira do autor relacionar-se com este universo. Ainda com Bakhtin, nos permitimos a dizer que "o estilo artístico não trabalha com palavras, mas, com elementos do mundo, com valores do mundo e da vida" (p. 180). A propósito disto, W. Benjamim vai dizer que todos os livros do Kafka são "narrativas grávidas de uma moral que jamais dão à luz" (Kafka, 2004, p. 11).

Passando à leitura do escrito, perguntamos: por que esta sofrida queixa e os penosos sentimentos de uma profunda intimidade não causam uma repulsa, indiferença ou um insuportável mal-estar no leitor? A estes prováveis obstáculos para uma leitura, acrescentam-se aqueles do narrador, enquanto intimidado ou envergonhado de expor suas entranhas desta maneira. Ainda porque, como diz Freud (1908 [1907]), o que pode causar repulsa é a barreira entre o eu do escritor e o do leitor. O que vai se verificar é que a possibilidade do encontro narrador / leitor aconteça com a diminuição da distância entre os dois. Este movimento é provocado pela ação criativa do escritor incidindo sobre a intimidade poética daquele que o lê. Com esta aproximação, cria-se um espaço entre um e outro, como que levando a uma coabitação de linguagens, estabelecendo desta maneira, as condições de se experimentar o texto.

Como esta separação entre escritor e leitor se estreita, possibilitando que se ponha à prova a excelência de uma escrita?

Talvez pelo prazer destilado através de um humor peculiar, como no caso de Kafka, que se dirige a um pai para que ele o leia. Aqui talvez seja bom lembrar que, para o escritor, este pai nada mais é que uma direção de suas associações cedida à pena que desliza sobre o papel. (Jamek e Dermayet, 2002).

Ou ainda, fazendo com que a tessitura da obra possa ganhar uma roupagem que suavize o caráter egoísta dos devaneios do escritor aos olhos do leitor. O primeiro, com isto, de certa maneira, alicia o segundo na apresentação de suas fantasias, contemplando-o com um prazer estético (ou formal). Ou seja, encontramos aí, o humor e a sedução entre as manobras ou artifícios do verbo que visam à sutura do fosso entre o um e o outro.

Barthes (1999) vai dizer que, sobre o prazer do texto, nenhuma "tese" é possível; apenas uma inspeção de que, contentamento, acaba depressa. E ainda, "... que o prazer do texto é irredutível a seu funcionamento gramatical, como o prazer do corpo é irredutível à necessidade fisiológica" (p. 25). E que, a literatura tenta atingir – fazendo parecer que o leva a efeito de uma maneira sensata - o inatingível real. Continuando com Barthes podemos enunciar que o prazer procura o lugar de uma perda, a ser expresso numa vertigem que se apodera do sujeito no íntimo da sua fruição. É na enunciação e não no seguimento dos enunciados que vai surgir a falha do gozo e posse. Escrevendo de um outro jeito: o prazer do texto, se encarna na fugacidade desse momento pleno da sensatez de um desejo do impossível, obstinação da escritura que toma conta da dupla: narrador / leitor.

Este "prêmio de estímulo ou prazer preliminar", como nomeou Freud (1908 [1907], p. 158), é o que leva ao gesto de virar a página a fim de reencontrar a satisfação que se esvanece.

O inventor da psicanálise aponta ainda que o contentamento do ato de leitura possa ser decorrente do desmantelo das tensões. Tensões estas provocadas por angústias ligadas àquelas fantasias do leitor, assemelhadas à do escritor. Pode-se acrescentar, inclusive, que este efeito não seria obtido a partir da leitura de uma carta simplória, feita de um rol de queixas e pedidos de explicações. Mas sim, numa obra literária, onde a satisfação é o próprio efeito da arte poética operando.

## Referências bibliográficas

BAKTIN, Mikhail. *Estética da criação verbal.* São Paulo, Martins Fontes, 2003.

BARTHES, Roland. *O prazer do texto.* São Paulo, Perspectiva, 1999.

_______ *Aula.* São Paulo, Cultrix, 2004.

DERMAYET,Pierre. Porquoi il faut lire Kafka In *Magazinne littéraire.* Paris, dec. 2002, n. 415.

DERRIDA, Jacques. *A farmácia de Platão.* São Paulo, Iluminuras, 1997.

Freud, Sigmund (1908 [1907]). *Escritores criativos e devaneio.* Ed. Standard Brasileira, Rio de Janeiro, Imago, 1976, v. IX.

_______ (1907 [1906]) *Delírios e sonhos na Gradiva de Jensen.* Ed. Standard Brasileira, Rio de Janeiro, Imago, 1976, v. IX.

JAMEK, Vaclav. Les paradoxes de l'humour. In *Magazinne littéraire*, Paris, dec. 2002, n. 415.

KAFKA, Franz. *Carta ao Pai.* Porto Alegre, L&PM, 2004.

# O DIABO DESLOCADO: SOBRE A CENA "GALERIA OBSCURA" DO *FAUSTO II*

*Marília Flores*

Com mascaradas e outras invenções brilhantes se entorpecem com freqüência carências próprias e alheias. Carta de Goethe a Lavater - fevereiro de 1781.

Durante o século XVIII, entre guerras, fome, pestes, perseguição religiosa e descobertas científicas, circulava pela Europa a história do Doutor Faustus, um homem das ciências que teria selado com sangue um pacto com o demônio, prometendo-lhe a alma em troca de vida longa e juventude. Goethe, ainda menino, assiste esta lenda encenada por bonecos em teatro de marionetes, experiência que o marcaria por toda a vida e que ele reescreveria até as vésperas de sua morte.

A primeira parte da tragédia goethiana *Fausto* (2007) inicia-se na cena "Noite", onde encontramos o personagem do título em seu quarto de trabalho: "antro vil, maldito, abafador covil" (p. 65). Entre livros embolorados, Fausto entedia-se e desespera-se com os limites de sua condição humana. Aspira apreender o *Todo* e satisfazer, sem restrições, seus desejos. Evoca, então, o diabo Mefistófeles e aposta servi-lo por toda a eternidade se um dia sentisse estagnada sua ânsia por movimento e variedade a ponto de pronunciar as seguintes palavras: "Oh, pára! és tão formoso!" (p. 169). Após selarem a aposta com sangue, prosseguem os dois pelo 'microcosmo', onde vivenciam paixões e infortúnios próprios ao homem e pelo 'macrocosmo', onde se deparam com os problemas da humanidade.

Goethe (2007 a) abre a segunda parte de seu livro com "Região amena"; uma idílica cena na qual vemos Fausto solitário recuperando suas forças físicas e psíquicas, através do sono e do esquecimento, da vivência de sofrimentos anteriores em seu percurso pelo pequeno mundo ou 'microcosmo. Renovado, desponta-lhe imediatamente o motivo de sua aspiração: "Já, com vigor pões minha alma alentada, para que aspire à máxima existência" (p. 43). Segue, então, acompanhado por Mefistófeles, para o grande mundo e ingressa no "Palatinado imperial".

Na sala do trono estão o imperador e seus conselheiros às voltas com os terríveis problemas do país: caos social, miséria, corrupção generalizada, justiça arbitrária e venal, dilapidação dos recursos públicos. Mefistófeles, para adentrar Fausto neste Conselho, usa sua astúcia e disfarça-se de bobo da corte. Penetra na reunião com uma proposta para enriquecer o Império que, bem ao seu estilo, não faz diretamente, mas assopra ao pé do ouvido dos conselheiros: *papel-moeda.*

Solução encontrada o Imperador, aliviado das contrariedades e instigado pelo bobo da corte Mefistófeles, só pensa agora em diversão e planeja uma grande mascarada carnavalesca. A mascarada acontece, mas, não esgota a busca desenfreada por prazer do Imperador. Então, Fausto, ao estilo mefistofélico, promete ao imperador diverti-lo, trazendo "em mágica visão em vultos nítidos, Páris e Helena — da mulher, do homem, máximos modelos" (p. 217). Em seguida, Fausto encontra Mefistófeles a sós, em uma galeria obscura do palatinado imperial, e eles têm a conversa na qual Mefistófeles (tentação encarnada) protesta quanto à promessa feita por Fausto ao Imperador: "Que insano prometer tal! Quão leviano!" (p. 217) e expõe suas próprias limitações perante as Heroínas do antigo mundo da mitologia grega, dizendo:

> Crês que de Helena a evocação se plasma sem mais, como o papel-moeda fantasma. Com bruxas, trasgos, monstros de feitiço, sempre e tão logo estou a teu serviço. Mas em que pesem diabas femininas, não poderão passar por Heroínas. O clã pagão não é de minha conta, reside ele em seu próprio inferno (Goethe, 2007 a, p. 219).

Mas, Fausto insiste e exorta Mefistófeles a trazê-los, imediatamente, ao mundo moderno. Mefistófeles pensa num meio e apresenta com embaraço as Mães, que habitam solitárias num lugar fora do espaço e do tempo.

> Mães! ...arrepia-se Fausto. As Mães! Mães! - que esquisito soa aquilo. É como um golpe que me abala! Que palavra é que em mim tão fundo cala? (...) Estranho é mesmo - diz Mefistófeles. Deusas ignoradas de vós mortais. Por nós, jamais nomeadas. Vai, pois, buscá-las nos mais fundos ermos. O caminho até elas é Nenhum! É o Inexplorável, que não se explora, é o Inexorável que não se exora. Em solidões ficas vagueando em vão. Nada verás no vácuo eterno, imenso, não ouvirás teu passo ao avançares, não sentirás firmeza onde parares. Noção terás do que é o ermo, a solidão? (Goethe, 2007 a, p. 221 - 3).

E Fausto, vaidoso, desdenha o diabo Mefistófeles, chama-o de mistagogo e vangloria-se de seus feitos:

> – Não tive eu de enfrentar o mundo a fio? De digerir, professar o vazio? Quando, ao falar, vislumbrava a razão, em dobro já soava a contradição. Pois bem! Eu vou sondar o teu engodo, nesse teu Nada aspiro a achar o Todo.
> – Sinceramente, antes que vás, te gabo; Vejo quão bem conheces já o diabo (Goethe, 2007 a, p. 225).

Após essa réplica, Mefisto entrega uma chave (símbolo fálico) a Fausto que, curioso, pergunta para que serve tal coisinha e surpreso exclama: “Cresce ela em minha mão, reluz, cintila!” (p. 227). Então, Fausto, empunhando a chave, assume uma atitude dominante. “Ao apertá-la sinto força nova, peito expandido, sigo à grande prova” (p. 229)

> Agora vês de que vale o possuí-la? Indaga Mefistófeles. Marca o lugar exato a sua luz; segue-a aos baixos: ela às Mães te conduz. Foge ao que houve, ao que já vistes. Entre as visões de espaços livres, soltos, te encante o que de há muito não existe. Lá a massa núblea ondeia em seu vaivém; aponta a chave: ao longe ela a mantém! Comunicar-te-á

um tripé ardente que mais fundo estás profundamente. Ânimo, ai! O perigo é ingente; dirige-se ao tripé diretamente, toca-o com a chave! E contemplando Fausto partir, Mefistófeles pensa: Não vá pregar-lhe a chave alguma peça! Curioso estou, para saber se regressa (Goethe, 2007 a, p. 231).

Em 10 de janeiro de 1830, Eckermann, amigo e interlocutor de Goethe, registra o seu assombro ao ouvir do próprio poeta a narrativa da cena "Galeria obscura", descrita acima, em que Fausto vai até as Mães. Em suas anotações escreve ter se impressionado com o novo e inesperado do assunto, bem como, com a maneira com que Goethe lhe apresentou a cena levando-o maravilhado a se sentir transposto à situação de Fausto. Anota ainda que ao interrogar o amigo sobre suas intenções com "Galeria obscura", este, cheio de mistério, apenas repete: "As Mães! As Mães! - soa tão esquisito!" (p. 214). Mas, o que particularmente encanta Eckermann nesta cena e a todos os que podem ser tocados pela poesia?

No texto *Escritores criativos e devaneio* (1908 [1907]), Freud confessa sua curiosidade em saber de onde os autores retiram o seu material e como conseguem nos tocar, transportando-nos em arrebatadoras emoções. Interesse aguçado, como no caso de Eckermann, pelo fato de que, ao serem interrogados eles não oferecem explicações. Entretanto, Freud alega ser possível desvendar o mistério da criação seguindo a pista dos poetas quando estes nos asseguram que, no íntimo, somos todos poetas.

Para a psicanálise, os primeiros traços da atividade imaginativa estariam na infância, no brincar das crianças, que quando brincam criam um mundo de faz-de-conta particular, sob o seu inteiro domínio. Entram e saem deste mundo ao seu bel-prazer, sem perder o fio com a realidade que fornece elementos para o seu brincar. As crianças brincam com o mundo como fazem os escritores criativos. Brincadeira muita séria! Como dizia Goethe (2007a): "... esses gracejos muito sérios!" (p. 7). E Freud completa: "A antítese de brincar não é o que é sério, mas o que é real" (p. 149).

Freud vê uma diferença entre o "brincar e o fantasiar" (p. 150), que está na conexão dos objetos imaginários com os objetos tangíveis, ou seja, a criança em seu brincar sabe que joga o jogo do faz-de-conta com os objetos concretos. Já na fantasia, esta conexão se perde. Os adultos, sem renunciar ao prazer experimentado na infância, abrem mão do elo com os objetos da realidade e, ao invés de brincar, passam agora apenas a fantasiar e envergonham-se de suas fantasias. Por quê?

> O brincar da criança é determinado por desejos: de fato, por um único desejo - que auxilia o seu desenvolvimento - o desejo de ser grande e adulto. A criança está sempre brincando 'de adulto', imitando em seus jogos aquilo que conhece da vida dos mais velhos e não tem motivos para ocultar isso. Já com o adulto o caso é diferente. Por um lado, sabe que dele se espera que não continue a brincar ou a fantasiar, mas que atue no mundo real; por outro lado, alguns dos desejos que provocaram as suas fantasias são de tal gênero que é essencial ocultá-las. Assim, o adulto envergonha-se de suas fantasias por serem infantis e proibidas (Freud, 1908 [1907], p. 151).

Em vários pontos de sua obra, Freud conclui que as fantasias, os devaneios, os sonhos, os mitos, são realizações de desejos insatisfeitos; uma correção da realidade insatisfatória que, embora variando, giram sempre em torno de dois temas principais que se entrelaçam: são desejos narcísicos e/ou eróticos.

Mas, e a obra literária seria ela também uma continuação, uma variante do que foi o brincar infantil? Freud responde que sim, e ao examinar autores que, como Goethe, tomam o seu material do

> tesouro popular dos mitos, lendas e contos de fadas. (...) considera muito provável que os mitos, por exemplo, sejam vestígios distorcidos de fantasias plenas de desejos de nações inteiras, *os sonhos seculares* da humanidade jovem (Freud, 1908 [1907], p. 157).

Quanto ao efeito poético, o arrebatamento e a satisfação que sentimos ao apreciar uma obra de arte, Freud (1913) explica em seu texto sobre *O interesse da psicanálise para as ciências não-psicológicas* que a obra de arte apazigua desejos não realizados do próprio artista e também dos leitores e expectadores. Para Freud, os conflitos entre os desejos inconscientes e as restrições físicas e morais são a força motivadora dos artistas, dos cientistas e da neurose. O que o artista primariamente busca é libertar-se do conflito e, ao tornar pública a sua arte, proporciona também libertação a outras pessoas que sofram os mesmos desejos sofreados. Mas, isso só é possível se o artista, ao representar como realizada suas fantasias plenas de desejo, transformá-las a ponto de ocultar-lhes o caráter pessoal, atenuar-lhes o que nelas é proibido e ofensivo, envolvendo-as em beleza, segundo as leis da estética. Desse modo, propicia gratificação prazerosa a si mesmo e aos outros. Mas Freud não se detém nisto em sua pesquisa e acrescenta:

> A psicanálise não tem dificuldade em ressaltar, juntamente com a parte manifesta do prazer artístico, uma outra que é latente, embora muito mais poderosa, derivada das fontes ocultas da libertação pulsional. (...) Assim, a arte constitui um meio-caminho entre uma realidade que frustra os desejos e o mundo de desejos realizados da imaginação (p. 222).

Retornemos agora à "Galeria obscura" para verificar o que nela há que possa ilustrar a psicanálise em sua constante investigação do psiquismo. Antes, porém, é necessário ressaltar que se trata de uma analogia permitida pela literatura e de modo algum a afirmação de uma igualdade entre o *reino das Mães* de Goethe e *a Coisa* de Freud (1895), mesmo sabendo-se, pelas várias referências que fez ao longo de seus textos, o quanto o criador da psicanálise apreciava o poeta.

O homem Fausto, peito *expandido* com a posse da alegórica chave fáustica, coloca a Mãe, o Saber absoluto, no lugar do parceiro sexual, o que o mantém dentro do limite do gozo, excesso. Malogro que não cessa de recomeçar. Surge então Helena ou Páris. Os mais lindos e fatais objetos da fantasia! Substitutos privilegiados do que se organizou como falta.

Seguindo os rastros reflexivos de Heidegger e Kant, em seu *Projeto para uma psicologia científica* (1895), Freud conceitua *a Coisa* (*Das Ding*) para investigar a sua constatação da falta, enquanto permanente, e da repetição do malogro. Trinta anos depois, escreve em *O mal-estar na civilização* (1930):

> Na origem, a escrita era a linguagem do ausente; a morada, o substituto do corpo materno, essa primeira morada cuja nostalgia persiste sempre, onde estávamos em segurança, e nos sentíamos tão bem (p.110).

E a diabólica dialética de Mefistófeles garante ao homem Fausto que há o silêncio do tudo já dito, o inominável.

Mas do lugar da incompletude só podemos imaginar *a Coisa*, desejar e talvez criar mitos. *A Coisa* é o objeto perdido, que nunca foi tido e que não paramos de procurar reencontrar. Face este gozo impossível, só nos resta buscar um substituto/resto; que tal como *a Coisa*, não é um objeto, mas um lugar aonde vem se colocar nossos fantasmas poéticos. É aí que Helena e Páris podem ser sublimados e elevados à dignidade *da Coisa*. (Lacan, 1959).

M. Andrés (1996) no Dicionário Enciclopédico de Psicanálise, adverte:

> ...é a expressão 'à dignidade de' que é importante na formulação de Lacan, pois é claro que a Coisa como limite real não tem nenhum fundamento em realização alguma (p. 85).

No texto Três Ensaios Sobre a Sexualidade (1905) Freud correlaciona a curiosidade sexual ao desejo de saber, aspiração fáustica; seguindo esta trilha desmascara o sofrimento humano neurótico de atribuir a algum lugar, ou a alguém, o gozo e o saber absoluto. E Lacan (1958) precisa que o obsessivo concebe o gozo como um acordo com o Outro, vivendo, então, em permanente dívida. Já para o histérico, o gozo se coloca como um impossível mentiroso do qual se desdobram os seus desejos sempre insatisfeitos.

É o ato que funda a castração, pois no ato, por exemplo, do olhar, percebemos que algo nos escapa; sendo o que nos escapa criado no próprio ato de olhar. Fausto, sujeito do desamparo, não suporta a castração, a falta, anseia o Todo e em seu afã supõe onisciência, onipotência à Mãe, ao Pai.

O que Goethe deixa entrever em "Galeria obscura" e por toda a tragédia *Fausto,* é a encenação das duas grandes fantasias míticas, carregadas de desejo, que percorrem o 'macrocosmos' desde tempos imemoriais: a fantasia da Mãe-gozo sem limite e do Pai-deus/diabo.

Goethe fura a fantasia porque, em sua grandiosa obra, se põe como espectador/autor do Fausto/Mefistófeles. Prenhe de desejo, assiste/faz seus heróis deslizarem por todos os modos de gozo possíveis com os objetos do *microcosmo*, mais subjetivo e do *macrocosmo*. Até que vislumbra a deformação do seu desejo inconsciente que é a própria produção poética, a lenda, o mito. Lacan diz que a fantasia é o único acesso ao real.

O poeta Goethe chamava o amante da arte *"der lebending geniessende mensch"* (o homem que se entrega ao gozo vivo) (Kaufmann, 1996, p. 221). Dizia ainda: "Aquele que tem ciência e arte, tem também religião; o que não tem nenhuma delas, que tenha religião!" (apud Freud, 1930, p. 93).

A aposta entre Fausto e Mefistófeles, eixo de toda a tragédia, estava, desde o início, perdida por embutir em seu bojo uma fraude. No lugar onde Fausto poderia ter seu desejo extinguido, a morte, o diabo está deslocado.

E assim, Goethe (2007a) fecha a segunda parte do seu livro e o destina aos leitores da posteridade: "Quem não tenha se movimentado um pouco por conta própria e vivenciado alguma coisa, não saberá o que fazer com ela" (p. 8).

Quase podemos ver um sorrisinho em seus velhos lábios. Mas também certo dissabor com a dissecação-interpretativa da obra de sua vida; sua *trauerspiel* (tragédia; peça ou brincadeira lutuosa) (Freud, 1908, p. 150).

E com Freud concluo que, por mais que analisemos uma obra literária, algo dela sempre nos escapa.

## Referências bibliográficas

Freud, Sigmund (1908 [1907]). *Escritores criativos e devaneio.* Ed. Standard Brasileira. Rio de Janeiro, Imago, 1980, v. IX.

_______ (1913). *O interesse científico da psicanálise.* Ed. Standard Brasileira. Rio de Janeiro, Imago, 1980, v. XIII.

_______ (1916 [1915]). *Conferências introdutórias sobre psicanálise.* Ed. Standard Brasileira. Rio de Janeiro, Imago, 1980, v. XV.

_______ (1930 [1929]. *O mal-estar na civilização.* Ed. Standard Brasileira. Rio de Janeiro, Imago, v. XXI.

GOETHE, Johann. *Fausto: uma tragédia – primeira parte.* São Paulo, Ed. 34, 2007.

_______ *Fausto: uma tragédia – segunda parte.* São Paulo, Ed. 34, 2007a.

KAUFMANN, Pierre. *Dicionário Enciclopédico de Psicanálise: o legado de Freud e Lacan.* Rio de Janeiro, Zahar, 1993.

LACAN, Jacques (1958-1959). *O seminário – livro 6.* Rio de Janeiro, Zahar, 2006.

_______ (1959-1960). *O seminário – livro 7.* Rio de Janeiro, Zahar, 1988.

# O duplo na literatura e na psicanálise: William Wilson

*Adelina Helena Lima Freitas*

> Que dirá ela? Que dirá a horrenda consciência, aquele fantasma no meu caminho. Edgar A. Poe, *William Wilson.*

O conto fantástico é uma modalidade de narrativa que associa imagens, tempo e espaço, numa forma particular de subversão da realidade, ao dar um passo além desta. Caracteriza-se por uma hesitação, aspecto marcante da literatura fantástica, que corresponde à relação complexa entre o racional e o irracional, ou mesmo, entre a realidade e o sobrenatural que afeta o leitor quanto à sua percepção, à linguagem e ao sentido dos fatos relatados. O texto, então, se nutre de um frágil equilíbrio que balança em favor do inverossímil e acentua-lhe a ambigüidade (Rodrigues, 1998).

Podemos ainda, pautados pelo saber psicanalítico, localizar o conto fantástico como uma experiência que ocorre nos limites do real, onde o texto literário apresenta estreita relação com o inconsciente. A ficção permite um efeito de estranhamento maior do que a vida cotidiana ao viabilizar uma identificação do leitor com o escrito, sem o compromisso com a realidade. O estranhamento relaciona-se a uma série de fenômenos que fazem parte do universo infantil tais como: a onipotência do pensamento e do desejo, o determinismo e o acaso, o duplo, o olhar etc. São antigas crenças que retornam, muitas vezes, com um colorido de loucura e *nonsense.*

Freud trabalha este tema em seu texto *O estranho* (1919). Usa as palavras opostas *heimlich / unheimlich,* em alemão, para identificar tanto aquilo que é familiar, íntimo quanto o seu oposto, o secreto, o estranho, o assustador, elementos que apontam para os aspectos paradoxais e contraditórios presentes na sua significação.

> O estranho é aquela categoria do assustador que remete ao que é conhecido, de velho, e há muito familiar (...) somos tentados a concluir que aquilo que é "estranho" é assustador precisamente porque não é conhecido e familiar. Naturalmente, contudo, nem tudo que é novo e não familiar é assustador... algo tem de ser acrescentado ao que é novo e não familiar para torná-lo estranho (Freud, 1919, p. 277).

A partir do conto de Hoffmann, "O homem de areia", Freud demonstra a inquietação presente neste tipo de produção literária, representada pelos episódios de estranheza do personagem central, Nataniel, além de apontar para a ocorrência deste fenômeno nos fatos da vida cotidiana. Exemplifica este aspecto com a descrição de uma experiência vivida numa viagem de trem, em que toma como uma outra pessoa sua própria imagem refletida no espelho da porta, o que lhe provoca uma sensação de surpresa, até conseguir reconhecer-se naquela figura. Entretanto, como dito anteriormente, embora registre a presença destes fenômenos comuns na vida diária, Freud privilegia a ficção para teorizar a respeito destas ocorrências.

A experiência de estranheza provém dos processos reprimidos; existe uma relação intrínseca entre o *unheimlich* e o inconsciente. No estranho, há uma reapropriação do passado em função do presente que, de alguma forma, faz com que este passado retorne com um viés de surpresa e temor. As relações entre *unheimlich* e o inconsciente implicam, então, por meio de um sentimento de estranheza que nos castiga e atormenta, a impossibilidade de esquecer o desejo e trazem à tona a outra cena que nos aliena de nós mesmos, exigindo a busca de um sentido (Portugal, 2006). Esta particularidade está presente, segundo Freud, no uso lingüístico, *heimlich / unheimlich,* justo por tratar-se de algo que não é novo mas sim íntimo, obscurecido pelo recalque, como expresso nas palavras de Schelling citado pelo criador da psicanálise: "*unheimlich* é tudo o que deveria ter permanecido secreto e oculto mas veio à luz" (Freud, 1919, p. 282) .

O estranho diz respeito ao narcisismo, tema que nos remete à questão do duplo, que Freud trabalhou através do sentimento de estranheza e Lacan desenvolveu com a experiência do Estágio do espelho. A Psicanálise considera o narcisismo como um elemento estrutural do psiquismo, indispensável para a constituição do eu e sua diferença em relação aos objetos. A criança, ao nascer, não tem a vivência de um corpo totalizado e sua primeira imagem unificada lhe é oferecida pelo adulto que cuida dela, em geral, a mãe ou quem ocupa esta função. Neste processo, então, uma imagem é oferecida à criança que a ela se identifica e pode, assim, reconhecer-se, formando o que Freud chama de *duplo* (Freud, 1919, p. 291). A relação com o outro neutraliza, para o bebê, a experiência originária angustiante de fragmentação, embora ao custo de uma alienação, ao que este outro oferece. Esta experiência é organizadora para a criança, todavia se, depois de superado este estágio que permite ultrapassar a dificuldade de sua discriminação com o próximo, a experiência de duplicação retornar, muda seu sentido de asseguradora do eu para o de estranheza angustiante, além de expressar o caráter agressivo que compõe muitas vezes esta situação.

Edgar Allan Poe é considerado um mestre da literatura, inserindo-se na categoria de autor fantástico, ou seja, aquele que:

> ... literalmente experimenta rupturas com a realidade, seja por meio das drogas, do cultivo de estados alterados de consciência, seja através de paranóias ou neuroses que o conduzem com freqüência a estados semi-alucinatórios, semi-delirantes, que contaminam sua ficção... (Tavares, 2007, p. 10).

Os temas do narcisismo, morte, agressividade, invasão do objeto hostil, identificação ao semelhante, estão em pauta na obra de Poe (2003). "William Wilson" é um conto que mostra, de forma clara, a relação da agressividade imaginária presente na história de um jovem que encontra, em diversos momentos, um outro exatamente igual a ele, um duplo que lhe suscita sentimentos distintos, até chegar ao desejo de morte. O personagem central da trama relata, já próximo da morte, os desmandos de sua vida, fazendo uma retrospectiva sobre os estranhos encontros com um rival, em tudo igual a ele, na realidade um duplo, bem como, os sentimentos decorrentes destas experiências. As lembranças da infância o levam ao colégio interno, a um homem que apresenta uma duplicidade - era o pastor da igreja e o diretor tirânico da escola.

> ... doce figura que pregava no púlpito (...) e o homem monstruoso que impunha o cumprimento da lei no colégio (...) as mais amenas recordações do início de minha triste carreira estão ligadas à vida escolar (...) era um lugar de sonho e que excitava a fantasia (...) a casa da aldeia, com as árvores gigantes, nossa prisão" (p. 87).

O casarão impressionava Wilson, era misterioso, um palácio encantado, impossível de ser controlado e conhecido, com "suas voltas e reviravoltas e um mundo de subdivisões incompreensíveis" (*ibidem*) e compartimentos onde passava seus momentos de angústia por ter que enfrentar o diretor, reverendo Dr. Bransby. Wilson atribui a este tempo e lugar o desenvolvimento para o erro e o crime, com sua rotina, ordens, estudo, lições, passeios, jogos e intrigas. Logo sua ascendência sobre os colegas se manifestou, exceto com relação a um que, embora não fosse seu parente, tinha o mesmo nome e sobrenome, um "xará" (p. 88) o qual, ao longo do conto, aparece em diversas situações. Ele foi o único capaz de competir e contestar a liderança de Wilson. Apesar de todos os seus esforços para submetê-lo, o "xará" resistia e gerava um medo incompreensível em nosso narrador, pois não se limitava à competição nos estudos, jogos, esportes e recreio, mas interferia nos seus propósitos, obstinadamente. Se fossem irmãos teriam sido gêmeos pois até a data do nascimento era a mesma. O propósito do duplo era contradizê-lo, irritá-lo e mortificá-lo. Entretanto, não conseguia odiá-lo apesar de brigarem diariamente.

> ...é difícil definir meus reais sentimentos para com ele. Formavam uma mistura complexa e desigual. Animosidade petulante e ódio. Pelo contrário, alguma estima mais respeito, temor, um mundo de curiosidade (...) para muitos Wilson e eu éramos amigos ou companheiros inse-

paráveis (...) este estranho estado de nossas relações me favorecia os ataques... (p. 89).

O sentimento de estranheza se dá quando processos infantis primitivos são reanimados por uma impressão exterior, ou quando convenções primitivas, superadas, parecem encontrar nova confirmação. Este efeito que emana da onipotência das idéias e da imediata realização de desejos tem a ver com nossa primitiva crença na realidade destes fatos. São antigas convicções que sobrevivem em nós, à espreita de confirmação. Nas lembranças de Wilson, verificamos o aspecto sombrio da casa que o excitava quando criança, produzindo fantasias terrorríficas, além da duplicidade da função paterna encenada pelo Reverendo - doce / monstruoso, com suas ordens e exigências que podem ser associadas ao duplo acusador, presente no conto. Fica claro também, no trecho citado acima, como o eu narcisista, no processo de identificação, ama seu igual mas também odeia que este outro tenha vida própria.

Em outras passagens, o autor demonstra a relação deste outro com o passado que alimentava a consciência, e como sua aparição denunciava o domínio que exercia sobre Wilson:

> Durante uma violenta discussão descobri sua pronúncia (...) algo que me chocou e ao mesmo tempo interessou (...) me fez lembrar coisas da minha primeira infância . Daí eu ter ficado com a impressão de que conhecera aquele estranho ser numa época muito distante" (p. 90) .

Wilson explicita neste trecho, a existência da relação intrínseca entre a estranheza e o que o fascina, pois ela implica em "reconhecer a representação familiar daquilo de que somos feitos..." (França, 1990, p. 86).

Como dito anteriormente, o narcisismo, que numa época precoce diz respeito a um ponto de origem, compreende, posteriormente, um ciclo de retorno em diferentes momentos da vida do sujeito, com sentidos diversos e efeitos inesperados. O fenômeno do duplo surge em todas as formas e em todos os graus de desenvolvimento, sustenta Freud (*O estranho*, 1919). Aparece com relação à percepção, ao conhecimento, aos sentimentos e às experiências em comum entre dois personagens. Outra possibilidade está na identificação que o sujeito estabelece com o outro, de forma a se colocar em dúvida a respeito de quem é quem. Por último, pode ocorrer o retorno constante de uma mesma coisa, que dá a percepção de duplicidade pela ação do destino.

O duplo ocorre, então, em três níveis: duplicação, divisão, troca ou confusão, relacionado aos registros.- imaginário, real e simbólico - formulados por Lacan. No plano imaginário encontramos as duplicações de imagens, idéias, sósias, rivais, semelhanças em atos e delitos, além dos processos mentais que saltam telepaticamente para outrem. No nível simbólico, o que aparece é a partição ou divisão do aparelho psíquico; o sujeito duvida a respeito de si mesmo, deixando-se encarnar por um eu estranho. Aqui está em jogo a função da censura. No registro do real impera a confusão, um intercâmbio do eu com o outro, vivências delirantes com idéias de influência e alteração da consciência, reforço constante da mesma coisa, estranha repetição dos traços, atos, feitos e nomes (Portugal) .

O mito grego de Narciso revela o vínculo com a morte, o que remete em psicanálise ao tema da agressividade, ligada à invasão do objeto hostil e identificação ao semelhante. Como descrito anteriormente, é na relação com o semelhante, como suporte dos processos de identificação e separação, que Lacan (1949) teoriza acerca da constituição do eu e de seu duplo que, além de permitir um reconhecimento de si, também funciona como um diferente com o qual a criança irá, inicialmente, rivalizar. Isto explica a ambivalência própria desta relação, além da agressividade correlativa da identificação com o outro e a conseqüente hostilidade que se instala a partir daí. No trabalho "A agressividade em psicanálise" (1948) apresenta suas teses a respeito da agressão, articulando-a ao momento constitutivo do Estádio do espelho. Uma delas diz respeito à agressividade, como tendência correlativa de um modo de identificação narcísica, que determina a estrutura formal do eu e dos seus objetos. Na primeira situação especular do Estágio do espelho eu não sou eu, mas sim o reflexo daquilo que o outro vê em mim. Isto fundamenta a "identificação ao semelhante" com sua agressividade inerente e remete à reação agressiva do sujeito frente a esta simetria. A tensão mortal que se estabelece pela rivalidade absoluta com o outro necessita sofrer algum tipo de regulamentação simbólica, através da organização edípica, para que se possa transcender à esta agressividade constitutiva. Este processo, no entanto, encontrará situações de possíveis embaraços e vacilações. Sempre que ocorrerem mudanças na posição do sujeito e seus objetos que resultem num abalo de sua imagem, o resultado poderá ser uma agressividade indicativa do caráter precário de qualquer estabilidade psíquica.

Este tema da rivalidade associada à situações de agressão tem no conto "William Wilson", de Poe, um relato exemplar. Ao longo do escrito, o nível de tensão aumenta, decorrente do enigma que este "xará" representa para o personagem, seus sentimentos hostis e a fantasia de que o outro quer destruí-lo, o que resulta num medo que aos poucos se torna incontrolável. Inúmeras passagens denunciam esta situação como podemos destacar:

> Uma noite resolvi pregar-lhe uma peça, com uma lâmpada na mão dirigi-me com cuidado, ao quarto do meu rival (...) pela respiração tranqüila vi que estava dormindo. Abri o cortinado devagar e deixei cair a luz no seu rosto, bem perto. Olhei. Um frio percorreu o meu corpo. Então eram aquelas as feições de William Wilson? Vi de fato que eram as dele, mas havia algo em torno delas que me fez tremer de febre. Vi então que não era. Pelo menos não era assim que parecia quando acordado. O que seria isto ? O mesmo nome, os mesmos traços, o mesmo dia de chegada ao colégio. Meu andar, minha voz, meus costumes, meus gestos! Seria tudo isto o resultado de uma imitação apenas? Horrorizado e trêmulo, apaguei a lâmpada e saí silenciosamente do quarto. Abandonei o velho colégio para nunca mais voltar (p. 91) .

Poe descreve, de forma marcante, a hesitação característica do conto fantástico, mas que também podemos aproximar dos processos inconscientes na neurose, efeito da repressão que coloca a dúvida para o sujeito. O autor não esclarece a questão, pelo contrário, só irá aprofundá-la até o final. Se até este momento a igualdade produzia ambivalência, raivas e rivalidades, a dúvida que se instala com o reconhecimento de que poderia ser uma imitação, coloca Wilson frente a um enigma insuportável e terrível. À falta de sentido, só o silêncio responde; faltam as palavras que poderiam dar alguma organização ao impacto sofrido por Wilson. Só lhe resta fugir, nunca mais voltar. O fenômeno do duplo em sua vertente imaginária, um sósia, que antes incomodava nosso personagem, aparece agora em sua vertente de real incompreensível, sem resposta à constatação que o surpreende despreparado para tal, o que gera horror e perguntas sem respostas.

Wilson se retira do colégio mas não se tranqüiliza pois, a partir daí, a vida desemboca em desregramentos e loucuras cada vez mais intensos. Em outra escola, Eton, recomeçam os vícios. Uma noite convida alguns colegas para jogar e beber. Já tarde, alterado pelo álcool, foi chamado por alguém que o procurava: o "xará" voltara, "vestido exatamente da maneira como eu me trajava no momento. Precipitou-se para mim e sussurrou ao meu ouvido: William Wilson" (p. 91). As palavras sussurradas, misturadas às lembranças do passado, provocam-lhe um estado de choque enquanto seu duplo volta a partir. "Durante semanas pesquisei, investiguei, tentando descobrir. Quem era este Wilson? E de onde ele vinha? O que desejava de mim? Por que eu?" (p. 91). Perguntas novamente sem respostas que atestam o que há de surpreendente em cada aparição. Frente ao estranho, a memória aparece não apenas como a depositária das experiências vividas mas revela o inédito que impacta e espera por um novo sentido. O duplo, então, que já foi garantia de integração se apresenta como um estrangeiro interpretado como ameaçador, numa repetição que dá medo e gera confusão. Wilson vive, assim, sua impotência, divisão e frustração frente a este outro que não controla.

É importante frisar aqui a implicação da voz ligada ao supereu na psicanálise. Este é um conceito que articula alguns pontos desenvolvidos separadamente ao longo da obra freudiana, resultando numa instância que congrega as funções de auto-observação, consciência moral e articulação dos ideais. Apresenta em sua constituição duas faces: uma associada à função normatizante da estrutura edipiana, à identificação ao pai e ao juízo crítico da consciência moral e outra expressa por seu aspecto tirânico, ligada ao Isso, resíduo da pulsão de morte que exorta o sujeito ao gozo próprio da morte. O supereu está indicado em Freud sob a forma de um imperativo categórico, que submete o eu com seu caráter agressivo e violento, além de exacerbar a consciência moral. Além disto, por estar associado à Tânatos, é um dos fatores determinantes da gravidade de uma doença neurótica, relacionado ao sentimento de culpa, que se expressa sob diferentes condições (Freitas, 2005) .

Lacan afasta-se do ideal como uma das referências freudianas acerca desta instância ao formular o supereu com um caráter obsceno e feroz. Diferencia o ideal do eu do supereu. Atribui ao segundo, um caráter imperativo que mortifica o sujeito desde uma exortação a um gozo impossível. Não se coloca como um representante da lei, pelo contrário, é mesmo seu reverso. Resulta, na realidade, de uma falha na lei simbólica, constituída por um discurso primitivo imposto, marcado por uma arbitrariedade básica.

O traço imperativo leva o sujeito a situações extremas, de cunho paradoxal, nas quais a satisfação se dá no registro de uma lei implacável e incompreendida. Este caráter tirânico parece ser condição para o surgimento de atitudes imperativas: culpa e castigo. Podemos identificar aqui a função da voz da consciência como um importante elemento para o entendimento dos terríveis conflitos que passam a atormentar o sujeito. Ao vigiar e julgar as atuações do eu, o supereu exerce sobre este uma censura, por vezes, de uma violência ímpar. Assim, falar em voz da consciência implica em reconhecer um lugar fundamental à marca auditiva, sinalizada por Freud e radicalizada na formulação de Lacan, que exorta o sujeito a uma ação da ordem do impossível. Aparece aqui o que há de mais devastador na experiência subjetiva: "o supereu (...) acaba por identificar-se ao que chamo a figura feroz, às figuras que podemos vincular aos traumatismos primitivos..."(Lacan, 1953 - 4, p. 123). Encarna, então, não a lei organizadora mas uma lei de caráter incompreensível, "voz que não se assimila, se incorpora". Ouvir implica obedecer, "(o sujeito) uma vez que ouve é conduzido..." (Lacan, 1955 - 6, p. 339). O discurso invade e o supereu presentifica seu caráter imperativo que mortifica, tiraniza e determina o sujeito na posição de comandado.

Em nova escola, Oxford, Wilson se envolve cada vez mais com loucuras, bebedeiras, trapaças no jogo como meio de aumentar sua renda que já era enorme. Um dia chega um novo aluno, Glendenning, um nobre, rico, embora limitado intelectualmente. O jovem cai na teia do trapaceiro que havia planejado vencê-lo num jogo de cartas, assistido pelos amigos. O rapaz perdia sucessivamente, estava à beira da ruína total e os colegas começavam a desaprovar a disputa, quando a porta foi aberta e um estranho penetrou na sala envolto numa capa, com sua voz que soou no recinto como um sussurro e fez o narrador estremecer até os ossos. Era o "xará" que voltava para desmascará-lo: aconselhou aos presentes que examinassem o forro da manga esquerda de seu roupão e partiu sem demora. Só o aviso e a partir daí "... muitas mãos me agarraram e, na busca, tudo foi conforme ele dissera. (...) não houve mais nada além do silêncio de desprezo. Nenhum comentário.Eu teria preferido que houvesse" (p. 93).

Novamente a falta de palavras para exprimir o impacto, o silêncio tão marcante no texto de Poe que se contrapõe a voz deste outro, um sussurro que denuncia, acusa, identifica os desmandos de Wilson. Aconselhado a deixar Oxford,

> ... iniciei minha viagem num estado de horror e vergonha (...) fugi em vão. A má sorte me perseguiu. Paris, Roma, Viena, Berlim, Moscou! Mal eu punha o pé numa cidade, já possuía prova da passagem daquele *Wilson* antes de mim. Avisando, advertindo a todos a respeito do meu caráter. Tomado de pânico eu fugia dele como uma peste. E até aos confins da terra fugi em vão. E sempre, sempre me perguntando: Quem é ele? Que deseja? Sem nenhuma resposta. Ele existindo, me perseguindo, imitando-me outras vezes. E eu sem poder, em momento algum, ver bem as feições de seu rosto. Uma loucura. Eu sucumbia passivamente àquele imperioso domínio. (...) eu o odiava, mas o temia também (p. 93 - 4).

Wilson resolve reagir, e num baile de máscaras, quando estava para atuar mais uma vez de forma desonesta, o sussurro dentro do ouvido interrompeu seu ato. "... senti um leve toque no ombro. E o maldito sussurro! Dentro do ouvido" (*ibidem*). Ali estava o "xará", vestido exatamente igual e ele, o rosto encoberto pela máscara de seda preta.

Tomado pela reação afetiva intensa que o coloca numa encruzilhada, afetado pela impossibilidade de livrar-se deste outro, Wilson passa ao ato assassino: inicia uma luta curta e golpeia o rival várias vezes com sua espada no peito. Mas surpreso e horrorizado vê no espelho sua imagem refletida, manchada de sangue, pelo menos assim lhe pareceu. Mas era seu rival que agonizava, a máscara no chão.

> E tudo nele, da roupa até as feições do seu rosto era eu. A mais absoluta identidade. (...) falava. Não mais um sussurro. Mas como eu próprio, com minha voz, minhas palavras, minhas idéias, minha emoção. Minha agonia. Minha morte. E dizia: Venceste e eu me rendo. Contudo, de agora em diante, tu também estás morto... Morto para o Mundo, para o Céu e para a Esperança! Em mim tu vivias (...) e, na minha morte, vê, por esta imagem, que é a tua própria imagem: assassinaste a ti mesmo! (p. 95).

Poe expressa, neste final do conto, o duplo em sua vertente real, no intercâmbio de Wilson com seu "xará", em que impera uma confusa e estranha repetição da qual o personagem não consegue fugir. O autor também desdobra, numa outra figura, a voz da consciência. A ficção permite isto de forma mais clara, como vimos no início de nosso trabalho, embora não estejam descartadas estas divisões em casos graves, principalmente nas psicoses. A voz, que aparece cada vez mais imperativa e perseguidora, relaciona-se ao supereu, que tem, na perspectiva freudiana, uma fundamentação em impressões auditivas que irão constituir uma voz interior, marcando o rigor do sujeito com ele mesmo e do qual não consegue escapar. A concepção dos resíduos verbais, da consciência moral, do aspecto imperativo, do investimento dos discursos oriundos dos pais atestam esta fomulação. Wilson relata, no início do texto, ter herdado da família uma série de tendências, além de retratar o diretor de sua escola como um educador tirânico. A lei é transmitida de forma vocal e é sempre do outro que o imperativo moral nos comanda. Um outro que na formulação do supereu é internalizado. Wilson tenta fugir do seu perseguidor, mas isto é impossível, pois não se foge de si mesmo. Seu grande engano foi, no início do conto, se acreditar "uma vítima de circunstâncias superiores ao controle humano" (*op.cit*, p. 86), para só no final descobrir que o rival era ele mesmo, uma figura que personificava o supereu e seu imperativo - uma voz que o invadia, intimidava e da qual só se livrou eliminando-a através de sua própria morte.

## Referências bibliográficas

FRANÇA, Maria Inês. Lapso de imagem. In *Revista Tempo Psicanalítico.* Rio de Janeiro, SPID, 2005, v. 24.

LIMA FREITAS, Adelina. Uma voz que comanda. In *Revista Tempo Psicanalítico.* Rio de Janeiro, SPID, 2005, v. 37.

Freud, Sigmund (1914). *Sobre o narcisismo: uma introdução.* Ed. Standard Brasileira, Rio de Janeiro, Imago, 1977, v. XIV.

_______ ( 1919). *O estranho.* Ed. Standard Brasileira, Rio de Janeiro, Imago, 1977, v. XVII.

_______ (1923). *O ego e o id.* Ed. Standard Brasileira, Rio de Janeiro, Imago, 1977, v. XIX.

LACAN, Jacques (1948). A Agressividade em Psicanálise. In *Escritos I.* México, Siglo XXI , 1984.

_______ (1949). El estádio del espejo como formador del yo. In *Escritos I.* México, Siglo XXI , 1984.

_______ (1953 - 4). *O seminário - livro 1.* Rio de Janeiro, Zahar, 1983.

_______ (1954 - 5). *O seminário - livro 2.* Rio de Janeiro, Zahar, 1985.

# ENTREVISTA COM SÉRGIO PAULO ROUANET

*Marina Rodrigo Octavio Hermeto*

SERGIO PAULO ROUANET é carioca, nascido em 1934, a 23 de fevereiro. Graduado em Ciências Jurídicas e Sociais, longa carreira diplomática em postos nos EUA e Europa, Secretário Nacional da Cultura no decorrer de 91-92. Mestrado em Economia, Ciências Políticas e Filosofia, e doutorado em Ciências Políticas pela USP. Membro da Academia Brasileira de Letras, da Academia Brasileira de Filosofia, do Instituto Histórico e Geográfico e do Pen Clube. Recebeu a medalha Goethe, oferecida a personalidades estrangeiras que se destacam na difusão da língua e da cultura alemã no mundo.

Às 16h30min, pontualmente, chega Rouanet e nos encontramos no *hall* do *Petit Trianon* no qual já o aguardava. Apresento-me e subimos juntos para a biblioteca Lúcio de Mendonça. Dirigimo-nos para um ambiente separado do salão principal, sentando em duas confortáveis e amplas poltronas. Estávamos à vontade um com o outro, talvez pelo fato de haver uma longa amizade entre ele e uma prima que foi quem nos aproximou.

Como já havia lhe enviado um e-mail no qual relatava sobre a Oficina de Psicanálise e Literatura da SPID e a nossa intenção de publicar um livro com textos focalizados nesta interseção, eu digo que gostaria de... Neste momento ele me interrompeu amavelmente dizendo:

*"Não, não posso assumir o compromisso de um texto para este ano"*. Afirmei que já sabia disto, não estava vindo lhe encomendar um texto, mas sim entrevistá-lo com vistas a publicar a transcrição de nossa conversa juntamente com os outros trabalhos, todos visando esta interlocução.

Rouanet prontamente colocou-se à minha disposição para responder ao que lhe perguntasse. Para facilitar a transmissão, copio as perguntas elaboradas previamente, seguindo-se a cada uma a transcrição da resposta dada. Afirmo que nossa conversa foi mais rica do que meu relato escrito.

M – Li numa entrevista que você deu à revista *Percurso* que sua procura pela psicanálise deu-se há mais de 30 anos quando morava em Genebra, achando que foi por curiosidade intelectual apenas. No entanto foi "fisgado" pelo analista que após ouvi-lo numa de suas dissertações orais sobre a teoria psicanalítica, lhe favoreceu entrar no papel de analisante, deixando a ele o de analista, ao dizer-lhe que você havia esquecido de trazer a bibliografia referente a sua fala, e que estaria esperando-o para a próxima sessão. Como nosso foco de interesse é a interseção entre psicanálise e literatura, pergunto: quando você começou a ler psicanálise e por qual texto?

R – Talvez a partir do meu interesse por Adorno, Horkheimer, enfim, pela escola de Frankfurt, cujo foco é a interação entre o marxismo e a psicanálise. Eles haviam publicado, em 1936, um trabalho intitulado *Estudos sobre autoridade e família,* e minhas palestras baseavam-se nestes autores e em como pensar as questões ligadas ao social. Assim, de certo modo, cheguei a Freud, a partir de Marx. Tenho que confessar que abordei Freud cheio de preconceitos, mas isso não durou muito. Lembro-me que numa conversa com Leandro Konder, esse sim um marxista duro e puro – mais puro que duro - ele me disse que sua primeira reação ao ler *A interpretação dos sonhos* foi: "Esse cara sabe das coisas!" E é verdade, eu estava justamente descobrindo isso, que o cara sabia das coisas! Depois daquela parte inicial, que, aliás, é muito chata, como o próprio Freud admite, porque nesse capítulo ele tinha se imposto a obrigação de resumir o pensamento dos outros, e sobretudo depois que ele entra na descrição do aparelho psíquico e dos mecanismos do sonho, tudo fica fascinante. Realmente deixei de lado meus preconceitos e mergulhei na leitura freudiana porque percebi que estava diante de um novo continente teórico.

M – O que poderia nos dizer sobre a interseção entre literatura e psicanálise?

R – É ampla. Há alguns anos atrás escrevi um artigo que saiu num livro de cujo nome não me lembro bem, algo como "Um novo olhar psicanalítico", lançado no Rio Grande do Sul. Nesta hora sua mulher, Bárbara, junta-se a nós, lembrando que a publicação foi organizada pelo casal Nize e Luiz Ernesto Pellanda e editado pela Vozes*; retirou-se depois de alguns minutos para ler na sala ao lado. Rouanet segue falando sobre o leitor voraz que Freud foi e como se utilizou de textos literários para legitimar suas descobertas. Entusiasma-se falando de literatura, dos clássicos, de Sófocles, dos vários momentos em que Freud cita os grandes escritores para dar respeitabilidade a suas teorizações. Muito especialmente Goethe e Shakespeare. No livro citado, diz que seu capítulo era sobre a relação entre Freud e Goethe. Chega a fazer uma afirmação considerada por ele próprio uma heresia: "O bom leitor de literatura não precisa ler sobre psicanálise! Machado de Assis é leitura indispensável para psicanalistas. Tanto a literatura quanto a psicanálise lidam com os mesmos materiais e chegam aos mesmos resultados, ainda que por outros caminhos. Há uma relação de imanência entre literatura e psicanálise."

M – O seu trabalho, *Os 10 amigos de Freud,* é sem dúvida um trabalho de fôlego, ao qual foram dedicados anos de pesquisa e resultou num panorama delicioso sobre a literatura apreciada por Freud. O que mais me atraiu, entretanto, foi sua abordagem psicanalítica a cada um dos autores e especialmente a Freud. Você se dá conta de que escreve como um psicanalista?

R – Não, não me dou conta. Mas não é totalmente acidental porque leio muito sobre psicanálise. Basicamente Freud. É comum em conversas com psicanalistas eles falarem de Bion, Klein, Lacan. É claro

* A publicação é Psicanálise hoje: uma revolução do olhar. Orgs: Pellanda, Nize e Pellanda, Luiz Ernesto Cabral, Ed. Vozes, Petrópolis, RJ, 1996

que essas leituras são indispensáveis, porque a psicanálise não parou em Freud. Mas penso que os psicanalistas deviam ler mais Freud!

M – No seu livro *Interrogações,* você afirma a interdependência da psicanálise e da literatura, citando Freud na *Gradiva de Jensen.* Você, muito didaticamente, distingue três registros sob os quais a literatura aparece insistentemente na obra de Freud – o hermenêutico, o clínico e o legitimatório. Poderíamos dizer que o trabalho de Freud sobre Da Vinci é um exemplo do registro hermenêutico?

R – Sim.

M – Poderíamos dizer que, fosse você psicanalista, em *Os 10 amigos de Freud,* você teria feito uma obra calcada na função hermenêutica tanto quanto na legitimatória?

R – Sim.

M – Uma preocupação da atualidade é com a eficácia da psicanálise. Perguntam-se alguns se ela ainda terá lugar. Concordando com sua colocação de que a cientificidade foi uma condição epistemológica para o advento da psicanálise e efetuando um salto para a contemporaneidade, quando creio que podemos concordar que a psicanálise se situa entre arte e ciência, margeando estes campos do saber e constituindo-se como um campo próprio com suas interfaces, pergunto a você: não seria exatamente aí que psicanálise e literatura se entrecruzam?

R – Sem dúvida, porque, para Freud, o conhecimento obtido pela arte, e principalmente pela literatura, é da mesma natureza que o conhecimento obtido pela ciência psicanalítica. A arte e a psicanálise se encontram num terreno que lhes é comum, o inconsciente. O que difere é o método, intuitivo num caso, e baseado na observação científica, no outro. Aliás, esse lado não-excludente da psicanálise, de ser ao mesmo tempo uma coisa e outra, ou de não ser exclusivamente nem uma coisa nem outra, caracteriza a psicanálise como um todo. Considero a psicanálise uma espécie de disciplina sem lugar, entre uma coisa e outra, uma disciplina do interstício: ela não é habitante exclusiva nem do corpo nem da mente, nem do mundo da natureza, nem do mundo da cultura; nem da teoria, nem da prática. O mesmo pode-se dizer da relação da psicanálise com a ciência. A psicanálise não pode existir fora da ciência, porque é graças à ciência que ela se demarca da filosofia, deixando de ser uma simples concepção do mundo. Freud não abre mão disso: para ele, a psicanálise é uma ciência. Ao mesmo tempo, ela só pode advir para a ciência pela subversão da ciência, pois a ciência do seu tempo não podia aceitar a realidade do inconsciente. Foi imperioso para Freud afirmá-la ciência, caso contrário ela seria apenas uma *techné*, uma técnica. Mas é uma ciência cujo objeto não pode ser definido pelos procedimentos habituais da ciência empírica, é científico, o inconsciente. Traz esse paradoxo. Ela afirma o conflito. Voltando a sua pergunta sobre a eficácia da psicanálise, ela é certamente eficaz para a compreensão dos fenômenos sociais. Freud tinha consciência o tempo todo de que não podia fazer uma psicanálise da alma sem, num certo sentido, fazer uma psicanálise da história e da sociedade. Na época, isso era considerado psicanálise aplicada. Talvez tenha chegado o momento de inverter a ênfase. A psicanálise que se faz dentro dos consultórios é que deveria ser vista como aplicada. Penso que o próprio Freud, no final da vida, estava meio pessimista quanto à possibilidade de cura. No início, com as histéricas, tinha sido um sucesso maravilhoso. Acho que muito psicanalista deve ter saudade do tempo em que, para provar que a terapia funcionava, bastava remover uma tosse histérica, uma paralisia motriz ou uma alucinação visual. As doenças hoje tomaram outra face, apontando para mais para a demanda narcísica por uma gratificação imediata que para a privação e para a repressão, e os sintomas se tornaram correspondentemente mais difíceis de circunscrever e de eliminar. Mas penso, de todos os modos, que a psicanálise individual sempre terá seu lugar. Ninguém fica 100% bom de sua neurose, mas a psicanálise pode ajudar-nos a conviver com ela em alguma medida, a tomar consciência das causas psíquicas de nossos sofrimentos, a esclarecer os motivos que nos levaram a certos comportamentos e emoções irracionais, etc. Não é tudo, mas é alguma coisa.

M – Você concordaria que poderíamos abrir seu texto "Interrogando a Psicanálise", acrescentando ao título "Mefistófeles no divã" uma conjunção aproximativa, estendendo-o para "Mefistófeles e Freud no divã"? Justifico minha ousadia em fazer esta proposta, baseando-me nos numerosos indícios que você nos traz, apontando para a identificação entre Freud e Goethe.

R – Sim, sem dúvida. Acho mesmo que Freud tinha em si a dualidade Fausto-Mefistófeles. Seu lado fáustico estava na sua ambição de saber, de tudo conhecer, de anexar à psicanálise praticamente todas as áreas do conhecimento. Ele era Mefistófeles por sua capacidade de dizer não: não à ciência oficial, não aos caminhos batidos, não à guerra. Ora, no poema de Goethe, Mefistófeles é o espírito que nega sempre, *der Geist der stets verneint.* Digamos que sejam os dois lados do Iluminismo, o que afirma e o que nega. No artigo que eu citei no início da nossa conversa, publicado no livro organizado pelo casal Pellanda, eu aprofundo bem mais que no *Interrogações* as relações de Freud e Goethe.

M – No capítulo "A cientificidade da psicanálise" (do livro *Interrogações*) você emprega o adjetivo adlerariano, ao invés de adleriano, referindo-se a caracterização de sonhos: "sonhos junguianos, freudianos, adlerarianos". Foi deliberadamente ou inconscientemente? Ato falho ou chiste?

R – Puxa, é verdade? Você saberia localizar onde? (mostrei-lhe a citação, na página, 117 do livro). Não, não me parece que seja, nem chiste nem ato falho. Foi erro de impressão mesmo. Conscientemente, se eu quisesse fazer um jogo de palavras com a palavra "ariano" não escolheria Adler, e sim Jung.

M – A psicanálise pode ser vista como uma ciência do social, especialmente se valorizarmos o texto de 1908, *A Moral Sexual Civilizada e Doença Nervosa Moderna.* Como possibilidade de transformação do mundo e pelo lugar de destaque que ocupa, para a compreensão dos problemas sociais, não há o risco de se transformar a psicanálise numa utopia ideológica?

R – Não vejo este risco. Mas talvez dependa do que você chama de utopia ideológica. [Digo que imagino ao fazer essa pergunta que a psicanálise possa ser alçada a uma posição dogmática, ideológica neste sentido, e com isso fechar um campo de possibilidade de crescimento social]. Não, não há nenhuma utopia fechada no horizonte do freudismo, porque ele recusa todo tipo de dogmatismo, qualquer idéia de uma reconciliação final do homem consigo mesmo e do homem com a civilização. Esta seria o que você chama de utopia ideológica. Mas é possível vislumbrar sim, uma utopia aberta, não-ideológica, que é uma simples idéia reguladora, no sentido de Kant, algo que não se pode alcançar nunca, mas à que não se pode renunciar. É a utopia, no plano individual, de um homem liberto de todo inconsciente patogênico, e no plano coletivo, de uma civilização sem mal-estar, da qual tenha sido banido o conflito entre indivíduo e sociedade.

M – A partir da leitura de *Riso e melancolia*, podemos dizer que um processo de análise é shandiano, já que vemos inúmeras interferências entre as digressões e fragmentações da narrativa principal?

R – Creio que sim. A descrição linear de uma sessão de análise é impossível. A descrição linear de um sonho é impossível. Não havia pensado nisto, mas a narrativa do analisante pode ser considerada shandiana.

M – Ainda em referência a *Riso e melancolia*, no capítulo que trata da subjetivação do tempo e do espaço, características do inconsciente, tal como conceituadas por Freud, podem ser reconhecidas?

R – Sim, claro.

M – A psicanálise valoriza grandemente o processo de subjetivação. Podemos aproximar a fala do analisante, especialmente valorizando os chistes e atos falhos, de uma narrativa literária?

R – Mas sim, por certo, e sugiro que você escreva sobre isso!

Despedimo-nos com meus agradecimentos pela generosidade com que ele me recebeu e minha intenção de aceitar o desafio que fez ao sugerir que eu escrevesse sobre narrativa em análise.

# Sobre os autores: quem somos

Adelina Helena Fonseca Lima Pinheiro de Freitas é membro psicanalista da Sociedade de Psicanálise Iracy Doyle, mestre em Psicologia Social e doutora em Teoria Psicanalítica, ambas pela UFRJ. É professora do curso de Psicologia da Universidade Veiga de Almeida e do Instituto Brasileiro de Medicina de Reabilitação. Publicou vários artigos na *Revista Tempo Psicanalítico* sobre temas relacionados à criatividade, função paterna e drogadicção, além disso, é co-autora do livro: *Adolescência: uma visão de temas na sociedade contemporânea* (Atlântica, 2004). E-mail: adefrei@yahoo.com

Betty Bernardo Fuks é psicanalista, professora do mestrado em Psicanálise, Saúde e Sociedade da Universidade Veiga de Almeida e da especialização em Psicologia Clínica da PUC-Rio. Seu interesse pela conexão Psicanálise e Literatura é fruto da pesquisa que vem desenvolvendo, há vários anos, sobre os destinos do sujeito na Cultura. Publicou artigos em revistas especializadas e na mídia. É autora de *Freud e a Judeidade: a vocação do exílio* (Zahar, 2000), traduzido para a língua espanhola (Siglo XXI, 2006) e língua inglesa (Agencour, 2008) e de *Freud e a Cultura* (Zahar, 2008). Membro do Colégio de Psicanálise da Bahia. E-mail: betty.fuks@gmail.com.

Dirce Ferreira da Cunha é psicanalista membro da Coordenadoria do Conselho Gestor da Sociedade de Psicanálise Iracy Doyle, mestre e doutora em Psicologia pela UFRJ, mestre em Educação pela Universidade Estácio de Sá e professora adjunta do curso de Psicologia da Universidade Estácio de Sá. É, ainda, co-autora do livro *Da Contratransferência à Criação* (Letra Capital, 2003). Participa da Oficina de psicanálise e literatura da SPID. E-mail: dirce.fc@terra.com.br

José Durval Cavalcanti de Albuquerque é psiquiatra e membro psicanalista da Sociedade de Psicanálise Iracy Doyle. Este texto que agora publica é o terceiro produto dos encontros da Oficina de psicanálise e literatura da SPID, que coordena junto com os colegas Luiz Alberto Pinheiro de Freitas e Sandra Edler. Os outros dois frutos destes encontros das terças-feiras foram, respectivamente, "Do burlador de Sevilha e o convidado de pedra a D. Juan", publicados na revista *Trieb*, v. VI, n. 1 e "Erotismo e morte em D. Juan", publicado na *Revista Tempo Psicanalítico*, n. 39. E-mail: jdurval@unisys.com.br

Luiz Alberto Pinheiro de Freitas é psicanalista da Sociedade de Psicanálise Iracy Doyle e, desde a adolescência, interessou-se pela literatura. As questões do microrrealismo psicológico machadiano o levaram ao doutorado em Psicologia Clínica na PUC-Rio, onde defendeu a tese *Freud e Machado de Assis: uma interseção entre psicanálise e literatura*, posteriormente, publicada em livro pela Editora Mauad (2001). Os estudos machadianos prosseguiram através de um pós-doutorado na UFRJ sobre *A questão da traição feminina nos contos de Machado de Assis*. Publicou outras obras como: *Crise da Adolescência* (Rocco, 1989); *As identificações na obra de Freud* (SPID, 1997) e *Adolescência família e drogas: a função paterna e a questão dos limites* (Mauad, 2002). É também co-autor de: *Quem é Capitu* (Nova Fronteira, 2008). E-mail: pfreitas@unisys.com.br

Maria Anita Carneiro Ribeiro é psicanalista, professora do mestrado de Psicanálise, Saúde e Sociedade da Universidade Veiga de Almeida e coordenadora, professora e supervisora da especialização em Psicologia Clínica da PUC-Rio. Seu interesse pela obra de William Shakespeare vem desde a adolescência. Estudiosa da língua inglesa, participa de vários grupos de pesquisa em psicanálise e literatura. É autora dos livros: *Um certo tipo de Mulher* (Contracapa, 2001) e *A neurose obsessiva* (Zahar, 2003). É membro da Escola do Fórum do Campo Lacaniano e do Colegiado das Formações Clínicas do Campo Lacaniano, bem como é editora da *Revista Marraio*, psicanálise com crianças. E-mail: secretaria@fcclrio.org.br

Marília Silva Flores é psicóloga pela Universidade Federal Fluminense, psicanalista e membro da Oficina de psicanálise e literatura da Sociedade de Psicanálise Iracy Doyle. Apaixonada por literatura, vem há alguns anos dedicando-se a pesquisar a interface deste campo com a psicanálise de orientação lacaniana. E-mail: mariliasilvaflores@hotmail.com

Marina Rodrigo Octavio Hermeto é membro psicanalista da Sociedade de Psicanálise Iracy Doyle, formada em Psicologia, com pós-graduação em Psicologia Clínica e em Educação Infantil, ambas na PUC-Rio. Neta e bisneta de acadêmicos teve, desde cedo, o privilégio de viver cercada de livros e de ouvir muitas histórias. Tornou-se membro da Oficina de psicanálise e literatura, na qual tem desenvolvido um intenso trabalho de pesquisa, atualmente voltado à articulação entre a obra de Goethe e o pensamento freudiano. Participa nessa publicação com a realização da entrevista com o diplomata e escritor Sergio Paulo Rouanet. E-mail: mrohermeto@gmail.com.br

Maruza Bastos de Oliveira é psicanalista, membro da Sociedade de Psicanálise Iracy Doyle. Mestre em Psicologia Social pela UFRJ, sua dissertação "Cárcere de Mulheres" foi publicada pela Diadorim Editora. Atuou na Justiça da Infância e da Juventude. Como professora universitária e pesquisadora, realizou pesquisa nas escolas de custódia para jovens infratores do Rio de Janeiro. Doutora em Psicologia Clínica pela PUC-Rio, defendeu a tese: "Justiça é verdade em ação?". Dentre outros estudos publicou: "A experiência analítica e sua direção"; "Juventude, transgressão e violência: a clínica do desafio"; "O jovem transgressor: suas implicações na ação"; "A encenação religiosa"; "Os porões da polis". E-mail: maruzabastos@gmail.com

Sandra Paes Barreto Edler é membro psicanalista da Sociedade de Psicanálise Iracy Doyle, mestre e doutora em Teoria psicanalítica pela UFRJ. Coordena, com José Durval Cavalcanti de Albuquerque e Luiz Alberto Pinheiro de Freitas, a Oficina de psicanálise e literatura da SPID, na qual são desenvolvidos projetos de leitura e interpretação de clássicos, tendo como objetivo a ampliação do espaço de interseção entre as duas áreas. É também autora de: *Caminho de sombras: luto, tristeza e depressão,* a ser lançado em outubro de 2008 pela Editora Record. E-mail: sandravilma@globo.com

Solange Jouvin é membro associado da Sociedade de Psicanálise Iracy Doyle. Ainda graduanda em Teatro, reconheceu nos textos clássicos aquilo do qual Freud falava. Nas lides de jornalista, sempre privilegiou as questões do comportamento e do cotidiano das relações humanas. Sem abandonar a dramaturgia, formou-se em Psicologia pela Universidade Santa Úrsula; definitivamente direcionada à psicanálise e identificada com as palavras de Freud em relação ao saber do poeta. Tem se dedicado à produção literária e a dar continuidade ao *Projeto Parole*, que teve início em 1999 na Aliança Francesa, com leituras de clássicos da dramaturgia acompanhadas de debates com psicanalistas. E-mail: s.jouvin@uol.com.br

Este livro foi impresso na cidade do Rio de Janeiro,
no outono de 2009, pela Imos Gráfica para a Editora Cia de Freud.
Foi utilizada tipologia Adobe Garamond e papel pólen.